복 있는 사람은
악인들의 꾀를 따르지 아니하며
죄인들의 길에 서지 아니하며
오만한 자들의 자리에 앉지 아니하고
오직 여호와의 율법을 즐거워하여 그의 율법을 주야로 묵상하는도다
(시편 1:1~2)

Blessed is the man who
does not walk in the counsel of the wicked
or stand in the way of sinners or sit in the seat of mockers.
But his delight is in the law of the LORD,
and on his law he meditates day and night.

Psalm 1:1~2

찬양과 함께 하나님의 말씀을 묵상하는 **말씀묵상찬양집**

Contemplation Worship Song

40일 묵상찬양

김성현 지음

세인트뮤직
교회음악 창작연구소
SAINT MUSIC

차례

40일 묵상찬양
Contemplation Worship Song
for 40 Days

작가서문 4
묵상가이드 5

날짜 & 곡 제목	묵상구절	주제	페이지
1일 - 사십일 동안	마가복음 1:12~13	프롤로그 1	8
2일 - 감춰진 비밀	골로새서 1:26~27	프롤로그 2	12
3일 - 시험 앞에서	마태복음 4:1~2	그리스도의 삶 1	18
4일 - 주님의 임재	스가랴 9:9	그리스도의 삶 2	22
5일 - 호산나	마태복음 21:7~9	그리스도의 삶 3	26
6일 - 깨뜨린 옥합	마가복음 14:6~9	그리스도의 삶 4	30
7일 - 나누신 떡과 잔	고린도전서 11:24~26	그리스도의 삶 5	34
8일 - 팔리신 예수님	마태복음 26:21~25	그리스도의 삶 6	38
9일 - 아버지 뜻대로	누가복음 22:42	그리스도의 삶 7	42
10일 - 주님의 침묵	마가복음 15:3~5	그리스도의 삶 8	46
11일 - 죄인 위한 십자가	로마서 5:8	그리스도의 삶 9	50
12일 - 빈 무덤 앞에서	요한복음 20:11~15	그리스도의 삶 10	54
13일 - 해방의 기쁨	시편 126:1~6	그리스도의 삶 11	58
14일 - 부활의 믿음	요한복음 11:25~26	그리스도인의 시작 1	64
15일 - 영원한 생명	요한복음 3:16	그리스도인의 시작 2	68
16일 - 주께 돌아감	누가복음 13:3	그리스도인의 시작 3	72
17일 - 믿음으로	로마서 10:6-10	그리스도인의 시작 4	76
18일 - 새로운 피조물	고린도후서 5:17	그리스도인의 시작 5	80
19일 - 하나님 아버지	요한복음 20:17	그리스도인의 시작 6	84
20일 - 주를 갈급함	시편 42:1	아버지의 은혜와 사랑 1	90

40일 묵상찬양
Contemplation Worship Song for 40 Days

CONTENTS

날짜 & 곡 제목	묵상구절	주제	페이지
21일 - 주는 나의 빛	미가 7:8	아버지의 은혜와 사랑 2	94
22일 - 건지실 이	시편 35:10	아버지의 은혜와 사랑 3	98
23일 - 주님의 집	시편 118:25~26	아버지의 은혜와 사랑 4	102
24일 - 주님 곁으로	시편 110:1	아버지의 은혜와 사랑 5	106
25일 - 주 날개 아래	시편 91:1~2	아버지의 은혜와 사랑 6	110
26일 - 하나님의 보호하심	시편 27:1~3	아버지의 은혜와 사랑 7	114
27일 - 내 삶의 주께	베드로전서 5:7	그리스도인의 삶 1	120
28일 - 주의 가르침	시편 32:8~11	그리스도인의 삶 2	124
29일 - 참된 제자	요한복음 13:34~35	그리스도인의 삶 3	128
30일 - 나의 갈망	시편 63:1~4	그리스도인의 삶 4	132
31일 - 겸손의 예수님	베드로전서 5:6	그리스도인의 삶 5	136
32일 - 말씀하신대로	사무엘상 15:22	그리스도인의 삶 6	140
33일 - 주어진 역할	고린도전서 3:1~5	그리스도인의 삶 7	144
34일 - 온 세상 향하여	사도행전 4:33	그리스도인의 삶 8	148
35일 - 주의 계명	마가복음 7:7~9	그리스도인의 삶 9	152
36일 - 참된 금식	마태복음 6:16	그리스도인의 삶 10	156
37일 - 약함을 통해	고린도후서 12:9~10	그리스도인의 삶 11	160
38일 - 은밀하게	마태복음 6:1~4	그리스도인의 삶 12	164
39일 - 주님과 같이	빌립보서 3:10~11	그리스도인의 삶 13	168
40일 - 경건한 자	사도행전 10:2	그리스도인의 삶 14	172

40일 묵상찬양 을 내며
Contemplation Worship Song
for 40 Days

예배음악을 담당하는 목사로서, 찬양으로 봉사하는 성도님들에게 어떻게 하면 하나님의 말씀을 묵상하는 시간을 가지게 할 수 있을까? 하고 고민하였습니다. 이에 2023년 사순절을 앞두고 작년에 작업한 사순절 묵상찬양을 기초 삼아, 이번에는 캘리그라피를 전문적으로 교육하고 제작하는 하늘물고기 팀과 합작하여 "40일 묵상찬양" 책을 제작하게 되었습니다. 이를 위해 저를 포함한 여러 예배인도자(강득만, 권영목, 김정선, 손창민, 안길함, 이창호, 주수미, 한재윤)와 예배자(곽유숙, 김수진, 김은채, 류하은, 박선하, 서현숙, 이다윤, 전민영)가 목소리로 참여해 주었으며, 사랑하는 아내 이은아와 함께 편곡하며 음원을 제작하였고, "워십리더를 위한 교회력 이야기"를 집필하신 여정훈 선생님이 퇴고로 도움을 주셨습니다. 책이 나올 수 있도록 마음을 같이 해준 모든 분께 감사의 인사 드립니다.

총 40곡이라는 곡을 작곡하고 음원을 제작하는 것이 쉬운 일은 아니었지만, 말씀을 묵상하면서 작곡하는 매 순간이 하나님을 깊게 만나는 시간이었습니다. 이 모든 것을 제작할 수 있도록 인도하신 하나님께 감사와 찬양 올려드립니다.

이 책은 교회음악을 사랑하고 누구보다도 찬양을 통해 하나님의 음성을 듣고, 기도하는 묵상집이 있으면 좋겠다는 생각에 제작된 책입니다. 하나님의 말씀을 묵상하는 삶은 예배자에게 가장 필요한 삶입니다. 이 책의 말씀이미지와 찬양이 하나님 말씀을 묵상하는 데 도움이 되길 바랍니다. 이 묵상찬양은 특별히 그리스도의 삶, 그리스도인의 시작, 아버지의 은혜와 사랑, 그리스도의 삶이라는 주제를 가지고 40일간 지속해서 묵상을 이어나가는 책입니다. 가능하다면 주일을 제외한 사순절 기간에 예배팀과 함께 묵상하기를 추천합니다.

2023년 2월
김성현 목사

40일 묵상찬양 - 1일 (프롤로그 1)

사십일 동안

Words & Music by 김성현

사십일 동안
(For forty Days)

묵상가이드 Contemplation Guide

I. 기도
하루를 시작하신 하나님께 감사를 드리며 오늘 주실 말씀을 기대하면서 기도로 준비합니다.

II. 찬양듣기
음원링크는 악보아래 QR 코드를 이용해 접속하실 수 있습니다. 핸드폰에서 카메라 어플을 켜시고 QR코드에 가까이 데시면 접속할 수 있는 링크를 클릭할 수 있습니다.

III. 그림과 손글씨 말씀을 보며 묵상하기
악보 반대편 페이지에 그려진 그림과 손글씨로 쓰여진 말씀을 올리는 찬양과 함께 묵상합니다. 가능하면 찬양을 여러 번 듣고 악보를 따라 음원과 함께 불러도 좋습니다.

IV. 묵상 나눔 읽기
페이지를 넘겨 적혀진 묵상나눔을 읽습니다. 묵상나눔은 저자가 곡을 쓰면서 주신 하나님의 감동을 적은 것으로 해설과 조금 다른 성격을 가지고 있습니다. 이해를 돕기 위한 설명은 어느 정도 있지만, 대부분 저자의 개인적인 묵상의 내용입니다.

V. 나의 묵상 쓰기 및 기도
지금까지의 시간을 통해 자신에게 주셨던 하나님의 음성을 기록해 봅니다. 첫 번째로는 묵상을 통해 나에게 주신 하나님의 말씀을 기록하고, 두 번째는 그 주신 말씀을 어떻게 삶에 적용해야 할지를 고민하면서 기록합니다. 마지막에는 삶에 주신 하나님의 말씀을 적용하기 위한 결단의 기도제목을 적습니다.

40일 묵상찬양

사십일동안 감추어진비밀

Prologue 프롤로그

40일
묵상찬양

40일 묵상찬양 - 1일 (프롤로그 1)

성령이 곧 예수를 광야로 몰아내신지라 광야에서 사십일을 계시면서 사탄에게 시험을 받으시며 들짐승과 함께 계시니 천사들이 수종들더라 (마가복음 1:12-13)

At once the Spirit sent him out into the desert, and he was in the desert forty days, being tempted by Satan. He was with the wild animals, and angels attended him.

Mark 1:12-13

사십일 동안
(For forty Days)

사십일 동안

For Forty Days

Words & Music by 김성현

Contemplation Sharing

묵상 나눔 (마가복음 1:12~13)

예수님은 침례(세례) 요한에게 침례(세례)를 받으실 때 임재하신 성령님에 따라 광야로 가셨습니다. 성경은 예수님이 광야에 40일 동안 계시면서 사탄에게 시험도 받으셨고, 들짐승과 함께 있었으며 천사들이 그 예수님을 수종들었다고 말합니다. 이 성경 구절을 가지고 묵상할 때 예수님은 40일 동안 무슨 생각을 하고 있었을까? 하고 고민하기 시작했습니다. 하루하루를 보내시면서 과연 예수님은 어떠한 생각으로 그날들을 지내셨는지 궁금했습니다. 요즘 같은 시대처럼 스마트폰이나 다양한 여가 활동이 없었던 과거에 과연 40일 동안 무엇을 하며 지내셨는지, 과연 나라면 40일을 아무도 없는 상황에서 들짐승과 함께 지낼 수 있었을까? 나아가 예수님은 금식까지 하고 계셨습니다. 아무것도 먹지 않으시면서 예수님은 어떻게 그날들을 감당할 수 있었는지 놀랍다고 생각하게 됩니다.

예수님은 침례(세례) 요한의 침례(세례)를 받은 후부터 이제 공생애를 시작하십니다. 이제 하나님께서 예수님을 이 땅에 보내신 목적을 이루시는 그 사명을 감당하기 시작했습니다. 바로 인류의 모든 죄를 용서하시기 위한 구속의 사명이었습니다. 이를 위해 예수님은 십자가를 져야 하는 일을 감당해야 했습니다. 분명 예수님은 알고 계셨을 것입니다. 그러면서 주님은 그 사명을 시작하면서 왜 자신이 이 길을 가야만 하는지 생각했을 것입니다. 그리고 주님은 구원받아야 할 한 영혼, 한 영혼을 떠올렸을 거로 생각합니다. 죽을 수밖에 없는 그 영혼이 다시 하나님의 품으로 돌아가 구원받는 생각을 하면서 예수님은 굶주림, 외로움, 힘겨운 모든 시간을 버텨내셨다고 봅니다. 결국 예수님은 나의 구원을, 우리의 구원을 생각하면서 40일을 보내셨습니다.

이제 그리스도인이 된 우리도 예수님이 걸어간 40일간의 여정을 기억하며 주님이 우리를 생각하신 것과 같이 우리도 이제 주님을 생각하는 믿음의 여정을 시작해야 합니다. 주님이 우리를 위해 무엇을 하셨고, 우리는 어떻게 살아가야 주님을 닮아가는 자가 되는지 늘 묵상해 보기를 바랍니다.

CONTEMPLATION WORSHIP SONG

My Contemplation

나의 묵상

WORD of GOD — 묵상을 통해 나에게 주신 **하나님의 말씀**

내게 주신 **말씀을 삶에 적용하기** — APPLY to LIFE

PRAY for DETERMINATION — 묵상을 통한 **결단의 기도**

SAINTMUSIC **P**UBLISHING

Contemplation Worship Song for 40 days

2

40일 묵상찬양 - 2일 (프롤로그 2)

PROLOGUE 2

이 비밀은 만세와 만대로부터 감추어졌던 것인데 이제는 그의 성도들에게 나타났고 하나님이 그들로 하여금 이 비밀의 영광이 이방인 가운데 얼마나 풍성한지를 알게 하려 하심이라 이 비밀은 너희 안에 계신 그리스도시니 곧 영광의 소망이니라 (골로새서 1:26-27)

the mystery that has been kept hidden for ages and generations, but is now disclosed to the saints. To them God has chosen to make known among the Gentiles the glorious riches of this mystery, which is Christ in you, the hope of glory.

Colossians 1:26-27

HIDDEN MISTERY

감춰진 비밀
(Hidden Mistery)

감춰진 비밀

Hidden Mystery

Words & Music by 김성현

Contemplation Sharing

묵상 나눔 (골로새서 1:26~27)

오늘 말씀에 하나님이 세상을 창조하실 때 감추어진 것이 있다고 합니다. 하나님은 선지자들을 택하셔서 그들에게 이 감추어진 비밀에 대해 말씀하셨습니다. 외부의 적으로 인하여 핍박받고 고통당할 때마다 하나님을 찾는 자, 하나님께 나아가는 자, 하나님을 온전히 예배하는 자가 감추어진 비밀을 통해 어떻게 구원받지를 이야기해주셨습니다. 바로 '메시아'라는 존재입니다. 이스라엘 민족은 이 '메시아'가 자기 민족을 구원할 분이며 자기 민족을 다시 다윗의 때의 영광으로 회복하실 분이라고 믿고 있었습니다.

그러나 여러 선지자를 통해 예언하신 그리스도에 대한 비유적인 말씀만으로는 그분이 누구고, 무엇을 하실 분이신지를 이스라엘 백성은 온전히 알 수 없었습니다. 그래서인지 예수님이 이 땅에 오셨을 때, 하나님의 말씀을 그렇게 잘 알고 있었던 사람들은 예수님을 배척하는 존재가 됩니다. 그리고 결국 그들은 예수님을 십자가에 못 박는 일을 자행하게 됩니다. 그러나 이 모든 것이 감추어진 비밀로 인함임을 오늘 사도 바울은 골로새서를 통해 말하고 있습니다.

사도 바울은 이 비밀을 이스라엘 백성이 아닌 이방인을 통해 설명합니다. 그는 예수님이 한 민족을 위해 온 것이 아니라 이 세상 모든 민족을 구원하기 위해 오셨음을 이방인을 통해 알게 합니다. 이처럼 예수님은 이천 년 이상 지난 이 시대를 살아가는 우리를 위해, 우리의 죄를 사하시기 위해, 우리가 하나님의 백성이 되게 하기 위해, 이 땅에 오셨다는 것을 우리는 알아야 할 것입니다. 그래서 예수 그 이름이 이 세상을 살아가는 데 있어 소망이 되고, 구원의 역사가 됨을 우리는 믿어야 할 것입니다. 이제 우리는 예수의 이름을 듣고, 부르고, 생각하는 것만으로도 예수님의 은혜와 사랑이 우리 안에 충만하게 될 줄 믿습니다.

CONTEMPLATION WORSHIP SONG

My Contemplation
나의 묵상

WORD of GOD — 묵상을 통해 나에게 주신 **하나님의 말씀**

내게 주신 말씀을 삶에 적용하기 — APPLY to LIFE

PRAY for DETERMINATION — 묵상을 통한 **결단의 기도**

SAINTMUSIC PUBLISHING

40일
묵상찬양

The life of Christ
그리스도의 삶

40일
묵상찬양

40일 묵상찬양 - 3일 (그리스도의 삶 1)

3

THE LIFE OF CHRIST 1

그 때에 예수께서 성령에게 이끌리어
마귀에게 시험을 받으러 광야로 가사
사십일을 밤낮으로 금식하신 후에 주리신지라

(마태복음 4:1-2)

Then Jesus was led by the Spirit into the desert to be tempted by the devil.
After fasting forty days and forty nights, he was hungry.

Matthew 4:1-2

BEFORE TEMPTATION

시험 앞에서
(Before Temptaion)

시험 앞에서

Before Temptation

Words & Music by 김성현

Contemplation Sharing

묵상 나눔 (마태복음 4:1~2)

예수님은 성령이 충만하신 가운데 처음으로 준비하신 것이 바로 마귀의 시험이었습니다. 성령의 이끄심으로 광야로 가신 예수님은 마귀의 시험을 강한 힘이나 다른 이의 도움으로 준비하지 않으셨습니다. 예수님은 홀로 식음을 전폐하시고 마귀의 시험을 기다리고 있었습니다. 왜 예수님은 마귀의 시험을 위와 같은 방법으로 준비했을까 생각해보았습니다. 하루하루가 지날수록 몸과 마음은 지쳐가고 있었을 텐데 어떻게 예수님은 그것을 버티면서 시험을 준비할 수 있었을까?, 예수님은 어떤 힘으로, 어떤 것으로 그것을 견뎌낼 수 있었을까?

처음 곡을 묵상할 때, 저는 자신이 구원해야 할 사람들을, 하나님이 사랑하신 사람들을 생각하며 사십일을 보냈을 것이라고 고백했습니다. 그런데 오늘은 시험을 준비하시는 예수님께 집중해보니, 시험을 이기신 예수님의 모습을 통해 그 순간들을 상상해 봅니다. 육신의 배고픔 앞에, 예수님은 하나님의 말씀이 생명의 근원임을 기억하셨습니다. 말씀을 증명하라 할 때, 예수님은 의심치 않는 믿음을 보여주셨습니다. 세상의 모든 권세와 부를 조건으로 마귀 자신에게 경배를 요구하며 유혹할 때, 예수님은 마귀를 쫓아내며 오직 하나님만 경배해야 함을 선포하셨습니다.

이를 통해, 예수님은 시험 앞에서 자신 생명의 근원이 무엇인지 묵상하셨고, 생명의 근원이 되는 하나님의 말씀을 절대 의심치 않는 굳건한 믿음으로 나아가셨습니다. 그래서 이 모든 만물의 주인은 오직 하나님임을 예수님은 늘 잊지 않고 그 시험을 기다리고 계셨습니다. 우리도 시험 앞에서 예수님과 같은 모습을 가지고 믿음으로 기도하며 이겨내야 할 것입니다. 오늘 말씀을 통해 하나님의 말씀, 흔들리지 않는 믿음, 하나님을 경외하는 삶, 그것이 시험을 이기는 힘임을 깨닫게 하십니다.

CONTEMPLATION WORSHIP SONG

My Contemplation
나의 묵상

WORD of GOD
묵상을 통해 나에게 주신 **하나님의 말씀**

APPLY to LIFE
내게 주신 말씀을 **삶에 적용하기**

PRAY for DETERMINATION
묵상을 통한 **결단의 기도**

SAINTMUSIC **P**UBLISHING

Contemplation Worship Song for 40 days

4

40일 묵상찬양 - 4일 (그리스도의 삶 2)

THE LIFE OF CHRIST 2

시온의 딸아 크게 기뻐할지어다
예루살렘의 딸아 즐거이 부를지어다
보라 네 왕이 네게 임하시나니 그는 공의로우시며
구원을 베푸시며 겸손하여서 나귀를
타시나니 나귀의 작은 것 곧 나귀새끼니라
(스가랴 9 : 9)

Rejoice greatly, O Daughter of Zion! Shout, Daughter of Jerusalem!
See, your king comes to you, righteous and having salvation,
gentle and riding on a donkey, on a colt, the foal of a donkey.

Zechariah 9:9

PRESENCE OF THE LORD

주님의 임재
(Presence of the Lord)

주님의 임재
Presence of the Lord
Words & Music by 김성현

Contemplation Sharing

묵상 나눔 (스가랴 9:9)

예수님이 이 땅에 왕으로 오심을 오늘 스가랴서는 분명히 기록하고 있습니다. 그러나 빌립보서 2장에 기록된 것과 같이 예수님은 겸손의 몸으로 이 땅에 오셨습니다. 그리고 공의와 구원을 우리에게 베풀어 주셨습니다. 이스라엘 백성은 왕이신 메시아가 오실 것을 예언서(선지서) 기록으로 알고 있었지만, 베들레헴 마구간에 태어나고 나사렛에서 자라왔던 예수님의 존재를 왕으로 보지 못했습니다. 특히 종교 지도자들은 예수님을 선지자 또는 선생으로 보았을 뿐, 그들을 구원하실 왕의 왕, 주의 주 이심을 깨닫지 못했습니다.

그러나 오늘 말씀은 분명히 우리에게 말씀하고 있습니다. 예수님이 어떤 존재이신지를 말입니다. 예수님은 우리의 왕이십니다. 우리의 주가 되십니다. 예수님은 왕으로 이 땅에 임재하셨음을 우리는 늘 잊지 말아야 할 것입니다. 그리고 우리의 왕 되신 그 분이 지금도 우리와 늘 함께하고 계심을 기억해야 할 것입니다.

우리가 삶의 주인이 되려고 하는 순간마다 우리는 고백해야 할 것입니다. 나의 삶의 주인은 예수님이심을 말입니다. 그래서 우리는 예배드리고, 말씀을 보며, 기도하는 것입니다. 사도 바울이 디모데에게 말했던 말씀과 기도로 거룩해지라는 그 음성이 예수님이 나의 왕이 되심을 잊지 않고 주님의 임재를 경험하며 날마다 살아가라는 것으로 들립니다.

우리의 진정한 왕이 예수님이심을 알기 위해 우리는 매 순간 왕 되신 예수님의 임재를 경험해야 할 것입니다. 주님의 임재 속에서 우리는 주님의 뜻대로, 주님의 말씀대로, 주님이 우리에게 두신 그 소망을 이루며 살아가게 될 것입니다.

CONTEMPLATION WORSHIP SONG

My Contemplation
나의 묵상

WORD of GOD — 묵상을 통해 나에게 주신 **하나님의 말씀**

내게 주신 말씀을 삶에 적용하기 — APPLY to LIFE

PRAY for DETERMINATION — 묵상을 통한 **결단의 기도**

SAINTMUSIC PUBLISHING

Contemplation Worship Song for 40 days

40일 묵상찬양 - 5일 (그리스도의 삶 3)

THE LIFE OF CHRIST 3

나귀와 나귀 새끼를 끌고 와서 자기들의
겉옷을 그 위에 얹으매 예수께서 그 위에 타시니
무리의 대다수는 그들의 겉옷을 길에 펴며 다른 이들은
나뭇가지를 베어 길에 펴고 앞에서 가고 뒤에서
따르는 무리가 소리 높여 이르되 호산나 다윗의
자손이여 찬송하리로다 주의 이름으로 오시는 이여
가장 높은 곳에서 호산나 하더라 (마태복음 21:7-9)

They brought the donkey and the colt, placed their cloaks on them, and Jesus sat on them. A very large crowd spread their cloaks on the road, while others cut branches from the trees and spread them on the road. The crowds that went ahead of him and those that followed shouted, "Hosanna to the Son of David!" "Blessed is he who comes in the name of the Lord!" "Hosanna in the highest!"

Matthew 21:7-9

HOSANNA

호산나
(Hosanna)

호산나

Hosanna

Words & Music by 김성현

Contemplation Sharing

묵상 나눔 (마태복음 21:7~9)

대부분 학자가 말하기를, 호산나는 히브리어 '호쉬아나'(הושיעה־נא)에서 파생된 말이라고 합니다. 이 단어는 두 가지 언어가 결합한 말인데요. '호쉬아' 그리고 '나'가 합쳐진 글자입니다. 그들은 '호쉬아'는 구원이라는 뜻으로, '나'는 지금이라는 뜻으로 해석하여 '지금 나를 구원하소서'라고 말하고 있습니다. 특별히 이 단어는 구약에 시편 118편에 한 번 등장합니다(시 118:25). 그래서인지 이것을 '구원을 향한 짧은 기도'라고 이야기합니다.

후에 아람어가 된 이 단어는 예수님이 나귀를 타고 예루살렘에 입성하실 때 예수님을 환영하던 사람들이 외치던 소리였습니다. 복음서의 기록 중 예수님의 예루살렘 입성 장면에서 총 6번이 나옵니다. 그런데 당시 유대 땅의 언어는 바벨론 포로로 인해 히브리어가 아닌 아람어였다고 합니다. 그래서 사람들은 호산나의 번역된 의미가 아닌 아람어가 된 호산나의 소리를 헬라어로 음역하여 'ὡσαννά'(호산나)로 사용했다고 합니다. 그래서인지 그 의미가 처음 의미와는 다르게 일부 영어 번역처럼 '찬양하라', '만세'의 의미로 사용되었다고 합니다. 이는 예루살렘의 입성하시는 예수님을 보고 사람들은 구원의 외침이 아닌 영광과 찬양의 외침으로 메시아이신 예수님을 맞이했다는 것입니다.

종려나무 가지를 들며 이스라엘을 재건할, 이스라엘 백성을 과거 영광의 모습으로 회복하실 메시아를 기대하며 그들은 찬양의 환호성으로 '호산나' 하며 외쳤습니다. 그러나 그 외침은 며칠 지나지 않아 '십자가에 못 박아라.'라는 소리로 바뀝니다. 예수님이 이 땅에 오신 목적을 생각할 때, 우리는 '호산나' 본연의 의미를 기억해야 할 것입니다. 왕으로 오신 주를 향하여 찬양하는 마음으로 '호산나' 외칠 수 있지만, 예수님은 이 땅에 사는 모든 인류를 구원하기 위해 오셨음을 우리는 잊지 말아야 할 것입니다.

그래서 저는 '호산나'의 의미를 구원에 초점을 맞추고 우리를 핍박과 절망에서 구원하신 예수님, 어떤 상황 가운데도 우리를 회복하실 예수님을 향한 부르짖음으로 이 '호산나'의 외침을 고백합니다.

CONTEMPLATION WORSHIP SONG

My Contemplation

나의 묵상

WORD of GOD — 묵상을 통해 나에게 주신 **하나님의 말씀**

내게 주신 말씀을 삶에 적용하기 — APPLY to LIFE

PRAY for DETERMINATION — 묵상을 통한 **결단의 기도**

SAINTMUSIC **P**UBLISHING

Contemplation Worship Song for 40 days

40일 묵상찬양 - 6일 (그리스도의 삶 4)

6

THE LIFE OF CHRIST 4

예수께서 이르시되 가만 두라 너희가 어찌하여 그를 괴롭게 하느냐 그가 내게 좋은 일을 하였느니라 가난한 자들은 항상 너희와 함께 있으니 아무 때라도 원하는 대로 도울 수 있거니와 나는 너희와 항상 함께 있지 아니하리라 그는 힘을 다하여 내 몸에 향유를 부어 내 장례를 미리 준비하였느니라 내가 진실로 너희에게 이르노니 온 천하에 어디서든지 복음이 전파되는 곳에는 이 여자가 행한 일도 말하여 그를 기억하리라 하시니라 (마가복음 14:6-9)

"Leave her alone," said Jesus. "Why are you bothering her? She has done a beautiful thing to me. The poor you will always have with you, and you can help them any time you want. But you will not always have me. She did what she could. She poured perfume on my body beforehand to prepare for my burial. I tell you the truth, wherever the gospel is preached throughout the world, what she has done will also be told, in memory of her."

Mark 14:6-9

A BROKEN ALABASTER JAR

깨뜨린 옥합
(A Broken Alabaster Jar)

깨뜨린 옥합

A Broken Alabaster Jar

Words & Music by 김성현

향유 옥합 깨뜨리어 주님의 그 머리 위에
나의 옥합 깨뜨리어 주님께 다 드리리라

향유를 부은 여인은 주의 길을 예비했네
나를 구원하신 주께 내 모든 것 모두 드리리

온 맘 다해 온 힘 다해
주님의 몸에 향유를 부은 여인과 같이
온 맘 다해 온 힘 다해
내 향유 옥합 깨뜨려 주께 모두 드리리

Copyright © SaintMusic

Contemplation Sharing

묵상 나눔 (마가복음 14:6~9)

이스라엘의 여인에게 있어 향유는 중요한 의미가 있습니다. 당시 유대인은 여자아이가 태어나면 작은 병에 조금씩 향유를 모았다고 합니다. 그리고 그 여자아이가 시집갈 때가 되면 그때까지 모은 향유를 팔아 결혼자금으로 사용했다고 합니다. 당시 제자 중 하나가 그 여인이 사용한 향유의 가치를 말할 때 300 데나리온이라고 언급합니다. 당시 로마 군인이나 품꾼의 하루치 품삯이 1 데나리온이었다고 합니다. 1 데나리온이 약 4g 정도의 은화로 볼 때, 일회성으로 사용하기는 매우 큰 금액이라는 것을 알 수 있습니다.

그런데 한 여인이 예수님께 나아와 자신이 지금까지 모은 향유를 머리에 붓는 행위를 하고 눈물을 흘리며 예수님의 발까지 흐르는 향유를 보며 자기 머리털로 예수님의 발을 씻는 행위를 합니다. 아까운 향유를 사용한 여인을 보며 나무라는 제자와 주변 사람들도 있었지만, 예수님은 오히려 여인의 행동을 기억하라고 이는 자신의 장례를 미리 준비한 행동이라고 말씀하시며 복음과 함께 여인의 행동을 전하라고 말씀하십니다.

우리는 여인이 어떻게 자신의 향유를 예수님께 드릴 수 있었는지를 많은 목사님의 설교를 통해 들었습니다. 여인의 헌신과 여인의 믿음의 모습을 우리는 사실 알고 있습니다. 그래서 이 여인의 행동을 생각하며 우리의 향유를 주님께 드려야 함을 우리도 많이 들어 알고 있습니다. 그런데 이는 꼭 물질만 이야기는 것이 아닙니다. 저는 온 마음 다해, 온 힘 다해 주님을 예배하고 사랑하는 것도 같은 것으로 생각합니다. 우리가 신실하게 전심으로 사랑하는 것, 주님을 만나기를 소망하는 것, 주님께 나아가 주님과 늘 동행하기를 바라는 이 모든 것이 여인과 같이 향유를 깨뜨리는 믿음의 모습이라고 봅니다.

깨지는 옥합은 결국 주님께 나아가지 못하게 하는, 주님을 사랑치 못하게 하는 내 생각, 마음, 지식, 자존심, 경험, 상황, 환경 등 수많은 것들일 것입니다. 오직 주께 나아가기 위해, 온전히 주를 예배하고 사랑하고 만나기 위해 우리의 옥합을 깨뜨려 나아가는 믿음이 있기를 바랍니다.

CONTEMPLATION WORSHIP SONG

My Contemplation
나의 묵상

WORD of GOD — 묵상을 통해 나에게 주신 **하나님의 말씀**

내게 주신 말씀을 삶에 적용하기 — APPLY to LIFE

PRAY for DETERMINATION — 묵상을 통한 **결단의 기도**

40일 묵상찬양 - 7일 (그리스도의 삶 5)

나누신 떡과 잔
(Shared Bread and Cup)

나누신 떡과 잔

Shared Bread and Cup

Words & Music by 김성현

Contemplation Sharing

묵상 나눔 (고린도전서 11:24~26)

초대교회에는 늘 예배가 두 부분으로 나뉘었습니다. 하나는 말씀을 듣는 오늘과 같은 예배였고, 다른 하나는 모인 모든 자들이 떡과 잔을 나누는 주의 만찬(성찬식)의 시간을 가졌습니다. 그러나 오늘 기록된 고린도전서를 보면 주의 만찬을 하기도 전에 먼저 자기의 만찬을 가져다 먹는 사람들이 생겨났던 것 같습니다. 이로 인한 분쟁이 발생하셨고, 사도 바울은 주의 만찬 본연의 의미를 사람들에게 이야기합니다.

주의 만찬은 예수님의 돌아가심을 기념하고, 그의 부활을 기억하며, 예수님의 놀라운 사랑을 잊지 않기 위해 예배 때마다 행했던 예식이었습니다. 단지 서로가 먹고 마시기 위한 시간이 아니라 바로 예수님의 행하신 일을 잊지 않고 늘 기억하기 위한 예배의 시간이었습니다. 우리는 주의 만찬을 할 때마다, 예수님이 우릴 위해 하신 모든 일들을 되새겨 봐야 할 것입니다. 나를 위해 어떠한 길을 걸어가셨고, 무엇을 선택하셨으며, 왜 그 일을 행하실 수밖에 없었는지를 우리는 주의 만찬을 할 때마다 기억해야 할 것입니다. 이것을 잊게 된다면, 우리에게 더 이상 예수님의 은혜와 사랑은 느껴지지 않을 것입니다.

고등학교 시절 예수님을 인격적으로 만나고 주의 만찬을 하는데 떡을 나눌 때 그 떡 조각을 쥐며 하염없이 울었던 때를 기억합니다. 나를 위해 찢기신, 나 같은 죄인을 위해 십자가에 돌아가신 주님을 생각하니, 부끄럽고 너무 죄송스러워 차마 떡을 입에 대지 못한 채 눈물만 흘렸던 그 순간을 말입니다. 왜 초대교회는 이 시간을 예배 때마다 가졌을까요? 그만큼 예수님을 기억하고 살아가는 것, 예수님의 사랑을 잊지 않고 살아가는 것이 정말 중요하기 때문입니다. 우리도 이것을 잊고 있다면 우리의 신앙생활은 자신의 만족을 위한 종교 생활로 변모하게 될 것입니다.

나아가 우리는 주의 만찬을 할 때만이 아니라, 매 순간 우리에게 베푸신 은혜와 사랑을 늘 기억하고 잊지 않아야 합니다. 그리하며 주님이 다시 재림하실 그날까지 늘 예수님의 은혜와 사랑이 차고 넘치는 삶을 살아가야 할 것입니다.

CONTEMPLATION WORSHIP SONG

My Contemplation
나의 묵상

WORD of GOD — 묵상을 통해 나에게 주신 **하나님의 말씀**

내게 주신 말씀을 삶에 적용하기 — **APPLY to LIFE**

PRAY for DETERMINATION — 묵상을 통한 **결단의 기도**

SAINTMUSIC PUBLISHING

Contemplation Worship Song for 40 days

8

40일 묵상찬양 - 8일 (그리스도의 삶 6)

THE LIFE OF CHRIST 6

그들이 먹을 때에 이르시되 내가 진실로 너희에게 이르노니 너희 중의 한 사람이 나를 팔리라 하시니 그들이 몹시 근심하여 각각 여짜오되 주여 나는 아니지요 대답하여 이르시되 나와 함께 그릇에 손을 넣는 그가 나를 팔리라 인자는 자기에 대하여 기록된 대로 가거니와 인자를 파는 그 사람에게는 화가 있으리로다 그 사람은 차라리 태어나지 아니하였더라면 저에게 좋을 뻔하였느니라 예수를 파는 유다가 대답하여 이르되 랍비여 나는 아니지요 대답하시되 네가 말하였도다 (마태복음 26:21-25)

And while they were eating, he said, "I tell you the truth, one of you will betray me." They were very sad and began to say to him one after the other, "Surely not I, Lord?" Jesus replied, "The one who has dipped his hand into the bowl with me will betray me. The Son of Man will go just as it is written about him. But woe to that man who betrays the Son of Man! It would be better for him if he had not been born."
Then Judas, the one who would betray him, said, "Surely not I, Rabbi?" Jesus answered, "Yes, it is you."

Matthew 26:21-25

JESUS BETRAYED

팔리신 예수님
(Jesus Betrayed)

팔리신 예수님

Jesus Betrayed

Words & Music by 김성현

주님을 – 팔았던 가룟유다와같이 나도주님을
주님을 부인했던 시몬베드로같이 주님을 부인
파 는자 아니었 – 나 자신의욕심 때문에 주
하 는자 아니었 – 나 사람들비난 피하려 주
님의사랑저 버린 가룟유 다 와같이 나도주님을파
님의사랑저 버린 저베드 로 와같이 나도주님을부
는 자였네 이렇게 죄많은 나 – 를
인 하였네
끝까지 사랑하신 주님 한 없는
그사랑으 – 로 날 포기하지않으 신 주님

Contemplation Sharing

묵상 나눔 (마태복음 26:21~25)

마지막 만찬 중 예수님은 자신을 배신할 자가 있음을 제자들에게 말씀하십니다. 모두 부인했지만, 예수님을 배신한 가룟 유다는 그 자리를 벗어나게 되고 대제사장과 서기관들에게 은 30 세겔을 받고 예수님을 팔게 됩니다. 그러나 예수님은 자신을 배신한 자가 누구신지를 알고 있음에도 예수님은 자기 사람들을 끝까지 사랑하셨습니다(요 13:1).

절대 부인하지 않겠다던 베드로 역시 결국 닭이 두 번 울기 전에 예수님을 세 번 부인했습니다. 그리고 베드로는 자기 말을 기억하며 한없이 울었다고 성경은 기록하고 있습니다. 그러나 부활하신 예수님은 베드로를 찾아가시며 그를 위로하고 자기 양을 먹이고 치라고 말씀하십니다. 이렇게 하실 수 있었던 이유는 바로 예수님은 베드로가 어떠한 모습을 했든지 사랑하셨기 때문입니다. 물론 예수님은 자신을 팔았던 가룟 유다 역시 사랑하셨습니다. 이것이 예수님이 우리에게 보여주신 모습입니다.

우리도 역시 가룟 유다와 같이, 시몬 베드로와 같이 예수님을 팔고 부인한 자임을 우리는 알아야 할 것입니다. 우리의 욕심과 사람들의 비난으로 인해 주 되신 예수님을 부인하고 떠났던 것이 우리였습니다. 그런데 예수님은 그런 우리를 끝없는 사랑으로 포기하지 않고 늘 '사랑한다'라고 말씀하시고 있음을 우리는 잊지 말아야 할 것입니다.

예수님의 사랑의 크기를 우리는 능히 가늠할 수 없습니다. 그분이 우리에게 보여주신 은혜와 사랑은 누구도 이해할 수 없는 놀라운 사랑이었습니다. 예수님은 우리를 지금도, 언제나, 어떤 모습일지라도 변함없는 모습으로 사랑하고 계십니다. 이제 우리도 그 주님을 향하여 부족한 모습을 가지고 있더라도 신실하게, 진실하게 주님을 사랑하는 자가 되기를 바랍니다. 예수님이 우리를 포기하지 않듯이 우리도 예수님을 절대 포기하지 않기를 간절히 바랍니다.

CONTEMPLATION WORSHIP SONG

My Contemplation

나의 묵상

WORD of GOD — 묵상을 통해 나에게 주신 **하나님의 말씀**

내게 주신 말씀을 **삶에 적용하기** — APPLY to LIFE

PRAY for DETERMINATION — 묵상을 통한 **결단의 기도**

SAINTMUSIC PUBLISHING

40일 묵상찬양 - 9일 (그리스도의 삶 7)

이르시되 아버지여 만일 아버지의 뜻이거든 이 잔을 내게서 옮기시옵소서 그러나 내 원대로 마시옵고 아버지의 원대로 되기를 원하나이다
(누가복음 22:42)

"Father, if you are willing, take this cup from me; yet not my will, but yours be done."
Luke 22:42

아버지 뜻대로
(As Father's Will)

아버지 뜻대로

As Father's Will

Words & Music by 김성현

무슨일- 이든지 아버지 뜻대로- 순종하신예-수님
- 자신의- 원함보다 하나님의원함을- 늘
바라셨던- 주님 - 바라셨던- 주님 -
자신의원함보-다
아버지원함으-로
무슨일- 이든지 아버지 뜻대로-
걸어가신예-수님- 십자가- 고난에도 사람
들의구원을- 더 원하셨던- 주님 -

Copyright © SaintMusic

Contemplation Sharing
묵상 나눔 (누가복음 22:42)

예수님은 겟세마네 동산에 올라 간절히 하나님께 기도하셨습니다. 무슨 이유인지는 잘 모르지만, 하나님께 자신의 잔을 옮겨달라고 간구하시는 모습이 나타납니다. 우리의 인간적인 생각으로 예수님도 죽음이 무서우신 것인가?, 육신의 고통을 피하고 싶은 것인가? 라고 생각할 수 있을 것입니다. 그러나 예수님은 죽음이 두렵거나 고통을 피하고자 기도하신 것이 아니었습니다. 혹자는 말합니다. 잔을 옮겨달라고 고백한 것은 하나님과의 단절을 원치 않으셨던 예수님의 마음이 담긴 고백이라고 말입니다.

어떤 상황을 마주할 때도 예수님은 자신의 원대로 결정하지 않으셨습니다. 오직 자신일 이 땅에 가운데 보내주신 아버지의 뜻대로 살아가는 것이 예수님의 원함이었습니다. 예수님은 자기 뜻보다 하나님의 뜻대로 살아가는 것이 더 중요함을 고백하고 있었습니다. 그것이 인류의 모든 죄를 지고 가기에 하나님과의 단절을 가져올지라 하더라고, 하나님의 버림을 받는 순간일지라도, 그토록 사랑하는 자들에게 비난과 모욕받는 상황이 오더라도 예수님은 아버지의 뜻대로 살아가는 것을 원하셨습니다.

그것이 바로 우리를 살리는 길이기 때문입니다. 그것이 자신이 그토록 사랑하는 사람들을 구원하는 일, 하나님의 자녀가 되게 하는 일, 끊어진 하나님과의 관계를 다시 이어주는 일이었기에 주님은 하나님의 뜻에 순종하시는 모습을 우리에게 보여주셨습니다.

우리도 이 예수님의 모습을 따라 하나님의 소망을 이루기 위해서라면, 죽어가는 영혼을 구원하기 위해서라면, 사랑해야 할 영혼을 온전히 사랑하기 위해서라면, 우리의 생각, 의지, 자존심, 계획, 경험 등의 모든 것을 내려놓고 하나님의 뜻에 순종하는 자가 되어야 할 것입니다. 예수님은 먼저 본을 보여주셨습니다. 하나님 아버지의 뜻대로 살아가는 것이 얼마나 소중하고 중요한 것임을 말입니다. 우리도 예수님의 모습을 본받아 우리의 원함이 아닌 하나님의 원함을 바라며 살아가는 믿음의 사람이 되기를 바랍니다.

CONTEMPLATION WORSHIP SONG

My Contemplation

나의 묵상

WORD of GOD   묵상을 통해 나에게 주신 **하나님의 말씀**

내게 주신 말씀을 **삶에 적용하기**   **APPLY to LIFE**

PRAY for DETERMINATION   묵상을 통한 **결단의 기도**

SAINTMUSIC PUBLISHING

Contemplation Worship Song for 40 days

10

40일 묵상찬양 - 10일 (그리스도의 삶 8)

THE LIFE OF CHRIST 8

대제사장들이여러가지로고발하는지라
빌라도가또물어이르되아무대답도없느냐그들이
얼마나많은것으로너를고발하는가보라하되
예수께서다시아무말씀으로도대답하지아니하시니
빌라도가놀랍게여기더라 (마가복음 15:3-5)

The chief priests accused him of many things.
So again Pilate asked him, "Aren't you going to answer? See how many things they are accusing you of."
But Jesus still made no reply, and Pilate was amazed.

Mark 15:3-5

SILENCE OF THE LORD

주님의 침묵
(Silence of the Lord)

주님의 침묵
Silence of the Lord
Words & Music by 김성현

Contemplation Sharing

묵상 나눔 (마가복음 15:3~5)

예수님은 대제사장들의 수많은 고발로 인해 빌라도 앞으로 끌려가게 됩니다. 모든 고발의 내용 중 어떤 것은 빌라도가 보기에도 억지스러운 것이 있었을 것입니다. 아니라고 하거나 억울하다고 말만 해도 빌라도의 입장에서 선처를 해줄 수 있는 부분도 있었을 것입니다. 그러나 예수님은 그 고발 앞에 묵묵히 침묵하셨습니다. 어떠한 변명과 설명도 하지 않으셨습니다.

예수님은 겟세마네 기도 후 자신이 제자의 배신으로 인하여 잡혀가면서 이것이 하나님께서 하시는 일임을 깨닫게 되었을 것입니다. 하나님의 원함을 구한 예수님은 하나님께 순종해야 함을 결정하시고 하나님의 뜻이 이뤄지는 것에 집중하였을 것입니다. 주님은 어떠한 말도 할 수 없었을 것입니다. 자신을 위한 변론은 결국 하나님의 뜻에 어긋나는 상황이 되기 때문입니다. 예수님은 억울함을 푸는 것보다 하나님의 뜻대로 살아가는 것이 더 중요했습니다.

우리도 알고 있듯이 빌라도에 끌려간 예수님은 이사야 선지자의 기록대로 로마 군인들에게 수치와 모욕을 당하시고 피투성이가 될 정도로 채찍에 맞으십니다(사 53:5). 하지만 예수님 그 순간에도 침묵하십니다. 하나님의 뜻에 자신의 생명을 맡기는 것을 결정합니다. 그것이 모든 인류를 구원하는 길이었기 때문입니다.

하나님의 뜻을 세우기 위해, 우리는 우리의 생각과 뜻을 포기해야 할 때가 있습니다. 우리의 것을 세울 때 하나님의 뜻이 외면되고, 변질하고, 사라지게 된다면, 우리는 하나님의 뜻에 우선순위를 두고 우리 자신을 내려놓아야 할 것입니다. 오늘 예수님은 그것을 이루시기 위해 침묵을 택하셨습니다. 모든 억울함을 풀 수도 있는 상황에도 예수님은 침묵하셨습니다. 오직 하나님의 뜻을 이루기 위해서 말입니다. 우리도 하나님의 뜻을 세우기 위해 침묵해야 할 때가 있다면, 오늘 예수님의 모습을 기억하며 침묵해야 할 것입니다.

CONTEMPLATION WORSHIP SONG

My Contemplation
나의 묵상

WORD of GOD — 묵상을 통해 나에게 주신 **하나님의 말씀**

내게 주신 말씀을 삶에 적용하기 — **APPLY to LIFE**

PRAY for DETERMINATION — 묵상을 통한 **결단의 기도**

SAINTMUSIC PUBLISHING

40일 묵상찬양 - 11일 (그리스도의 삶 9)

THE LIFE OF CHRIST 9

우리가 아직 죄인 되었을 때에 그리스도께서 우리를 위하여 죽으심으로 하나님께서 우리에 대한 자기의 사랑을 확증하셨느니라 (로마서 5:8)

But God demonstrates his own love for us in this:
While we were still sinners, Christ died for us.

Romans 5:8

THE CROSS FOR SINNER

죄인 위한 십자가
(The Cross for Sinner)

The Cross for Sinner

죄인 위한 십자가

Words & Music by 김성현

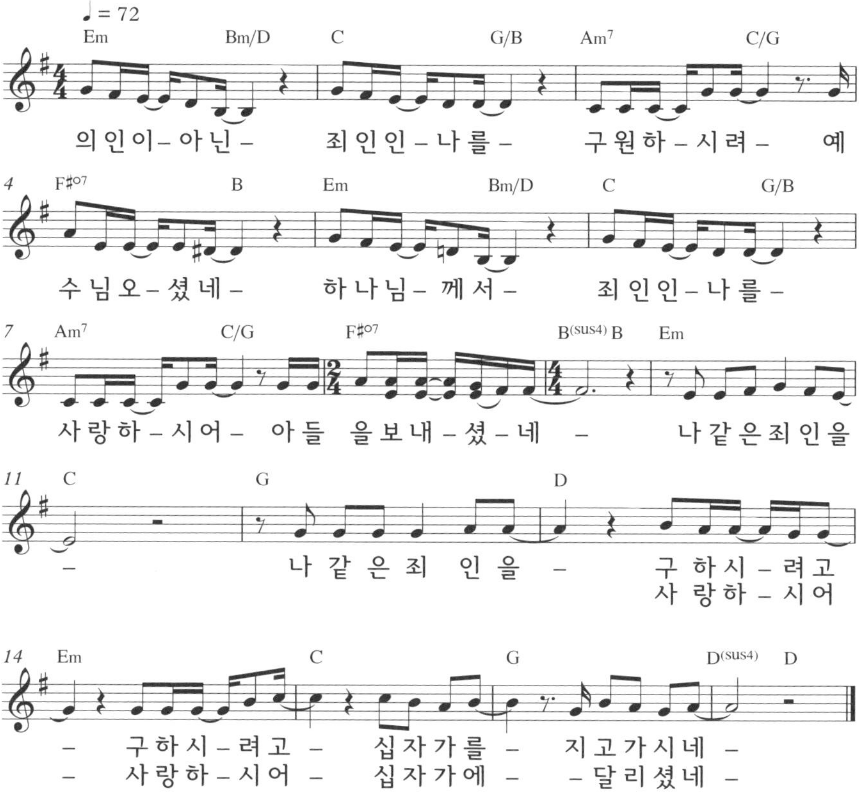

51

묵상 나눔 (로마서 5:8)

Contemplation Sharing

사도 바울이 로마서에 기록했던 것과 같이 모든 사람은 죄인입니다(롬 3:23). 예수님은 이 모든 사람을 위해 십자가를 지셨습니다. 세상 가운데 의인이 없어 모든 이가 구원받지 못하고 죽어갈 수밖에 없는 상황에서 예수님은 십자가를 선택하시고 구원받지 못할 죄인을 구원하셨습니다. 예수님은 십자가를 선택하실 때 우릴 향한 어떠한 조건도 걸지 않으셨습니다. 우리가 어떤 것을 행하면, 우리가 어떤 믿음을 보이면, 우리가 어떤 것을 드리면 예수님이 십자가를 지겠다고 하지 않으셨습니다. 예수님은 자신의 보내심에 대한 뜻을 깨닫고 죄인 된 인류를 향한 하나님의 사랑을 증명하시기 위해 십자가를 통해 우리에게 보여주셨습니다.

예수님은 하나님의 사랑을 아셨고, 그 사랑이 예수님 안에 충만하였기에 예수님도 하나님과 같이 죄인들을 사랑하셨습니다. 죄로 인해 하나님과의 관계가 단절된 그들의 모습을 안타까워하셨습니다. 이 죄의 문제를 해결하기 위해 예수님은 이스라엘의 모든 죄를 대신 지고 죽은 유월절의 어린양과 같이, 죄 없으신 거룩한 몸으로 인류의 모든 죄를 가지고 십자가에 달리셨습니다. 단 하나의 이유로 말입니다. 바로 사랑하기 때문에….

예수님을 제자들에게 자신을 따라오기 위해 자신의 십자가를 지고 따라오라고 말씀하셨습니다(마 16:24). 예수님을 영접하고 그리스도인이 된다는 것은 예수님처럼 살아가겠다는 믿음의 선포입니다. 결국 우리도 우리의 십자가를 지고 예수님이 걸어가신 그 길을 따라가야 합니다. 그런데 어떠한 마음으로 따라가야 할까요? 열정, 열심, 노력, 최선, 희생, 헌신 등 그 길을 따라가기 위해 많은 것들을 행하고 있지만 오늘 예수님의 모습을 보면서 깨닫는 것은, 영혼을 사랑하는 마음으로 십자가를 져야 한다는 점입니다. 사랑 없는 십자가를 지고 간다면, 결국 원망, 불평, 좌절, 낙담, 탈진, 포기 등이 다가올 수 있다고 생각했기 때문입니다.

죄인을 사랑하시어 그 십자가를 온전히 감당하신 예수님과 같이, 우리도 영혼을 사랑하는 마음으로 우리의 십자가를 지고 예수님의 발자취를 따라가 가길 바랍니다.

CONTEMPLATION WORSHIP SONG

My Contemplation

나의 묵상

WORD of GOD
묵상을 통해 나에게 주신 **하나님의 말씀**

내게 주신 말씀을 **삶에 적용하기**
APPLY to LIFE

PRAY for DETERMINATION
묵상을 통한 **결단의 기도**

SAINTMUSIC **P**UBLISHING

12

40일 묵상찬양 - 12일 (그리스도의 삶 10)

마리아는 무덤 밖에 서서 울고 있더니 울면서 구부려 무덤 안을 들여다보니 흰 옷 입은 두 천사가 예수의 시체 뉘었던 곳에 하나는 머리 편에 하나는 발 편에 앉았더라 천사들이 이르되 여자여 어찌하여 우느냐 이르되 사람들이 내 주님을 옮겨다가 어디 두었는지 내가 알지 못함이니이다 이 말을 하고 뒤로 돌이켜 예수께서 서 계신 것을 보았으나 예수이신 줄은 알지 못하더라 예수께서 이르시되 여자여 어찌하여 울며 누구를 찾느냐 하시니 마리아는 그가 동산지기인 줄 알고 이르되 주여 당신이 옮겼거든 어디 두었는지 내게 이르소서 그리하면 내가 가져가리이다 (요한복음 20:11-15)

but Mary stood outside the tomb crying. As she wept, she bent over to look into the tomb and saw two angels in white, seated where Jesus' body had been, one at the head and the other at the foot. They asked her, "Woman, why are you crying?" "They have taken my Lord away," she said, "and I don't know where they have put him." At this, she turned around and saw Jesus standing there, but she did not realize that it was Jesus. "Woman," he said, "why are you crying? Who is it you are looking for?" Thinking he was the gardener, she said, "Sir, if you have carried him away, tell me where you have put him, and I will get him."

John 20:11-15

빈 무덤 앞에서
(In Front of an Empty Tomb)

In Front of an Empty Tomb

빈 무덤 앞에서

Words & Music by 김성현

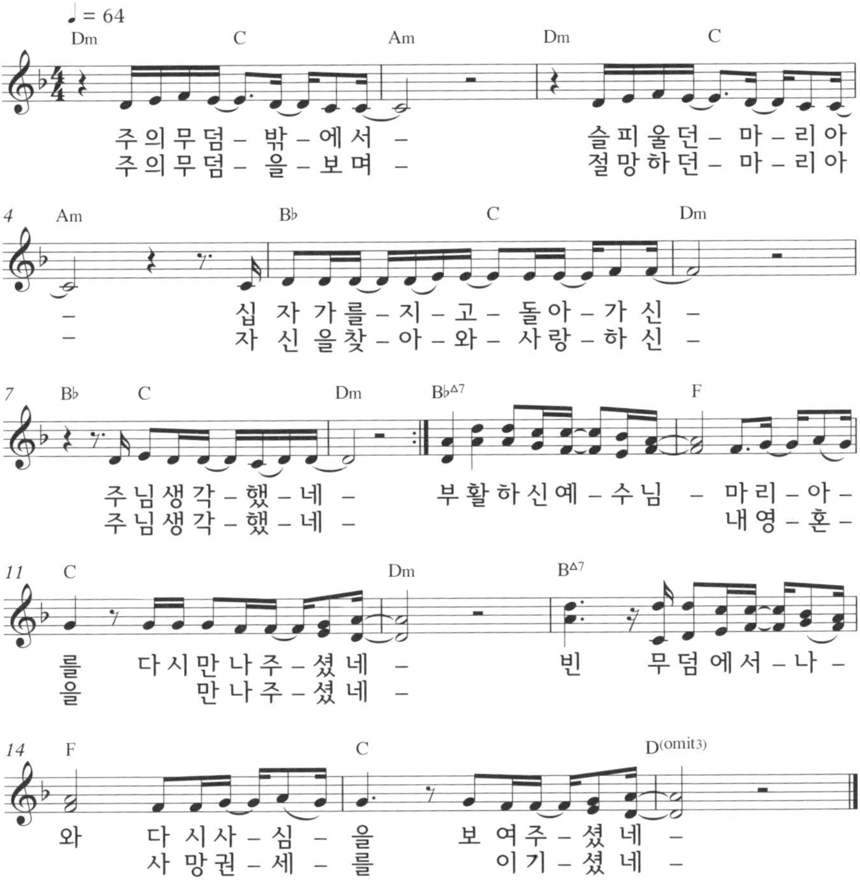

MUSIC

Contemplation Sharing

묵상 나눔 (요한복음 20:11~15)

'마리아'라는 이름은 성경에 여러 명 등장합니다. 오늘 본문에 나오는 예수님의 무덤 앞에서 울고 있었던 여인 '마리아'도 그중 한 명입니다. 성경은 그녀의 이름을 막달라 마리아로 기록합니다. 그녀에 대한 기록은 누가복음 8장에 기록되어 있는데 설명하기를, 일곱 귀신이 들려 고생하다가 예수님에 의해 온전케 된 막달라에서 살고 있었던 여인으로 말합니다. 참고로, 막달라는 갈릴리 호수 서쪽 연안 위치해 염색업과 직물업이 발달한 도시로 다른 곳보다 도덕적으로 부패한 곳이라고 합니다. 혹자는 막달라 출신의 이 여인은 예수님을 만나기 전 일곱 귀신이 들렸을 정도로 온갖 귀신에 사로잡혀, 정신적으로나 영적으로 매우 심각한 상태였을 것이라 말합니다. 아마도 그녀는 예수님이 치유하자 자기 삶을 헌신하며 예수님의 제자들과 함께 간 여인이 되지 않았을까 생각합니다(눅 8:1~3).

안식 후 첫날, 예수님의 죽음을 끝까지 목격한 그녀는 예수님의 무덤을 보기 위해 찾아갑니다. 그때 그녀는 무덤이 열린 것을 보게 되고, 제자들에게 알렸으며, 함께 두 제자와 무덤 안을 확인하고, 빈 무덤임을 안 후 떠난 두 제자(베드로와 요한)와는 다르게 무덤 밖에서 울고 있었습니다. 그때 부활하신 예수님은 울고 있는 마리아를 만나주셨습니다. 이는 예수님의 부활을 처음으로 목격한 사람이 되었다는 것입니다.

예수님을 너무도 사랑한 마리아는 예수님의 사역에 늘 동행하고, 죽음의 순간까지 떠나지 않았으며, 무덤이라도 보기 위해 예수님을 찾아갔습니다. 어떤 이는 이를 남녀 간의 사랑으로 이해하여 말하고 있지만, 마리아의 모습은 결코 우리에게 그와 같은 사랑을 보여주는 것이 아닙니다. 예수님의 향한 그녀의 사랑은 바로 구원받은 이가 은혜에 감사하여 행하는 진실한 사랑입니다. 이것은 자기 삶을 온전히 주 되신 예수님께 드린 자의 모습입니다.

부활하신 예수님은 마리아를 만나셨던 것과 같이 우리를 또한 만나길 원하십니다. 그렇다면 우리도 마리아와 같은 진실한 사랑으로 예수님을 간절히 찾아야 할 것입니다. 우리에게 먼저 다가오셨고 사랑으로 희생하여 우리를 구원하신 예수님을 늘 기억하며, 막달라 마리아가 우리에게 보여준 모습을 생각하면서, 사망 권세를 이기며 부활하신 예수님을 만납시다.

CONTEMPLATION WORSHIP SONG

My Contemplation
나의 묵상

WORD of GOD — 묵상을 통해 나에게 주신 **하나님의 말씀**

내게 주신 말씀을 **삶에 적용하기** — APPLY to LIFE

PRAY for DETERMINATION — 묵상을 통한 **결단의 기도**

SAINTMUSIC **P**UBLISHING

Contemplation Worship Song for 40 days

40일 묵상찬양 - 13일 (그리스도의 삶 11)

13

THE LIFE OF CHRIST 11

여호와께서 시온의 포로를 돌려 보내실 때에
우리는 꿈꾸는 것 같았도다 그때에 우리 입에는 웃음이
가득하고 우리 혀에는 찬양이 찼었도다 그때에 뭇 나라
가운데에서 말하기를 여호와께서 그들을 위하여 큰 일을
행하셨다 하였도다 여호와께서 우리를 위하여 큰 일을 행하
셨으니 우리는 기쁘도다 여호와여 우리의 포로를 남방
시내들 같이 돌려 보내소서 눈물을 흘리며 씨를 뿌리는
자는 기쁨으로 거두리로다 울며 씨를 뿌리러 나가는 자는
반드시 기쁨으로 그 곡식단을 가지고 돌아오리로다
(시편 126:1-6)

When the LORD brought back the captives to Zion, we were like men who dreamed.
Our mouths were filled with laughter, our tongues with songs of joy. Then it was said among the nations,
"The LORD has done great things for them."
The LORD has done great things for us, and we are filled with joy.
Restore our fortunes, O LORD, like streams in the Negev.
Those who sow in tears will reap with songs of joy.
He who goes out weeping, carrying seed to sow, will return with songs of joy,
carrying sheaves with him.

Psalms 126:1-6

THE JOY OF LIBERATION

해방의 기쁨
(The Joy of Liberation)

해방의 기쁨
The Joy of Liberation
Words & Music by 김성현

Contemplation Sharing

묵상 나눔 (시편 126:1~6)

시편 126편은 70년간의 바벨론 포로 생활을 마치고 페르시아의 왕 고레스의 칙령에 따라 다시 자신의 땅으로 돌아올 때를 회상하며 지은 시라고 합니다. 시의 화자는 지금 귀환의 기쁨을 누리고 있지만 아직 귀환하지 못한 이들이 속히 돌아오기를 갈망하며 하나님께서 이 모든 것을 이루실 것을 믿음으로 선포하고 있습니다.

바벨론 땅에 포로 되어 갇혀 있던 이스라엘 백성이 해방되어 다시 자신의 땅으로 귀환하는 모습은 죄의 사슬에 묶여 하나님과 단절된 우리가 예수 그리스도로 인해 구원받아 다시 하나님의 백성으로, 다시 그 하나님의 나라로 가게 됨을 보여주는 것 같습니다. 다시 자신의 나라로, 땅으로, 집으로 돌아가게 된 그 사람들이 기쁨으로 하나님을 찬양하는 것과 같이, 우리도 예수님의 죽음과 부활로 인하여 잃어버린 본향, 저 천국을 다시 갈 수 있게 됨을 기뻐하며 찬양해야 할 것입니다.

우리나라 역시 35년간의 일제강점기를 통해 해방을 경험한 민족입니다. 비록 해방의 사건은 먼 과거의 일이기에 역사의 사건으로만 기억하고 있지만, 해방의 기쁨이 얼마나 소중하고 귀한 것인지를 우리는 결단코 잊지 말아야 합니다. 이것을 잊고 살아간다면 해방을 위해 흘린 소중한 희생의 피가 사라지게 됩니다. 그리스도인이 되었던 첫 순간만 구원의 기쁨을 누리는 것이 아니라, 우리는 매 순간 예수 그리스도로 인해 구원받은 자임을, 우리를 묶고 있었던 죄의 사슬이 예수님으로 인해 끊어졌음을 잊지 말아야 할 것입니다. 예수님이 우리에게 행하신 그 일을 기억하면서 늘 해방의 기쁨으로 살아갈 때 우리는 구원의 감격으로 예배할 수 있습니다.

시편 126편은 아직 돌아오지 못한 자들을 향한 믿음의 선포도 담겨 있다고 서두에 이야기했습니다. 결국 해방의 기쁨은 우리만 누리는 것이 아닙니다. 이 기쁨을 모두가 누릴 수 있도록 예수님이 이 땅에 행하신 일을 알려야 합니다. 예수님의 십자가의 죽음은 모든 인류의 죄를 속량하시기 위함이었습니다. 따라서 해방의 기쁨은 마땅히 모든 사람이 누려야 하는 것임을 잊지 마시고, 예수님이 행하신 그 일을 세상 모든 이들에게 믿음으로 선포합시다.

CONTEMPLATION WORSHIP SONG

My Contemplation
나의 묵상

WORD of GOD — 묵상을 통해 나에게 주신 **하나님의 말씀**

내게 주신 말씀을 삶에 적용하기 — **APPLY to LIFE**

PRAY for DETERMINATION — 묵상을 통한 **결단의 기도**

SAINTMUSIC PUBLISHING

40일
묵상찬양

The begin of Christian
그리스도인의 시작

40일 묵상찬양

Contemplation Worship Song for 40 days

14

40일 묵상찬양 - 14일 (그리스도인의 시작 1)

THE BEGIN OF CHRISTIAN 1

64

예수께서 이르시되 나는 부활이요 생명이니 나를 믿는 자는 죽어도 살겠고 무릇 살아서 나를 믿는 자는 영원히 죽지 아니하리니 이것을 네가 믿느냐

(요한복음 11:25-26)

Jesus said to her, "I am the resurrection and the life.
He who believes in me will live, even though he dies;
and whoever lives and believes in me will never die. Do you believe this?"

John 11:25-26

FAITH IN THE RESURRECTION

부활의 믿음
(Faith in the Resurrection)

부활의 믿음
Faith in the Resurrection

Words & Music by 김성현

Contemplation Sharing

묵상 나눔 (요한복음 11:25~26)

예수님의 부활 사건은 모든 인류가 영원한 생명을 누리게 될 수 있게 하는 놀라운 사건입니다. 예수님은 이 땅에 오셔서 십자가의 죽으심도 아셨지만, 그 죽으심 후에 부활하실 것도 아셨습니다. 그래서 제자들에게 자기 죽음과 부활에 대한 언급을 자주 하셨습니다. 이를 통해 예수님의 부활에 대한 믿음이 우리 그리스도인들에게 매우 중요 것임을 알 수 있습니다. 그리스도인이 된다는 것은 이 부활의 사건을 믿는 것부터 시작하기 때문입니다.

세상 어떤 종교에도 부활을 강조하는 곳은 없습니다. 부활신앙은 기독교의 핵심입니다. 사도행전의 시작에도 성령 충만한 제자들의 외침 속에는 그리스도의 부활이 선포되었습니다. 그러자 예루살렘의 수많은 사람이 회개하며 그리스도인이 되는 역사가 이루어졌습니다. 사도바울 역시 그리스도의 부활이 없다면 우리의 믿음이 헛되고 우리는 가장 불쌍한 자가 된다고 했습니다(고전 15:17, 19). 이처럼 그리스도의 부활은 그리스도인에게 있어 근본과 같은 요소라고 볼 수 있습니다. 또한 예수님은 부활의 첫 열매가 되셨습니다(고전 15:20). 그리하여 우리도 예수 그리스도를 믿음으로 말미암아 이 부활에 참여하는 자가 될 수 있습니다.

영화 [부활]에는 가상의 인물이기는 하지만 예수님의 부활을 믿는 자, 숨기는 자, 거부하는 자, 외면하는 자 등 다양한 사람들이 묘사됩니다. 예수님이 누구인지도 모르고 있던 주인공(로마군 백인대장)은 무덤에서 사라진 예수님의 시체를 찾는 과정에서 십자가 위에 달려 죽은 예수님이 다시 살아났음을 보게 되고, 결국 그가 부활의 전도자가 되는 것으로 영화는 끝납니다. 결국 부활을 믿는다는 것은 예수님이 누구신지를 믿는다는 것입니다. 예수님이 그리스도이시고 살아계신 하나님의 아들이라고 고백했던 베드로와 같이, 예수님은 그리스도이시고 하나님의 아들이심을 믿는 것이 바로 부활신앙이라는 것입니다. 이 부활의 믿음으로 예수님이 우리에게 말씀하시는 부활, 영원한 생명을 누리는 그리스도인이 되길 바랍니다.

CONTEMPLATION WORSHIP SONG

My Contemplation
나의 묵상

WORD of GOD — 묵상을 통해 나에게 주신 **하나님의 말씀**

내게 주신 말씀을 **삶에 적용하기** — APPLY to LIFE

PRAY for DETERMINATION — 묵상을 통한 **결단의 기도**

SAINTMUSIC PUBLISHING

15

40일 묵상찬양 - 15일 (그리스도인의 시작 2)

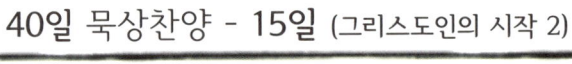

THE BEGIN OF CHRISTIAN 2

하나님이 세상을 이처럼 사랑하사 독생자를 주셨으니 이는 그를 믿는 자마다 멸망하지 않고 영생을 얻게 하려 하심이라 (요한복음 3:16)

"For God so loved the world that he gave his one and only Son, that whoever believes in him shall not perish but have eternal life."

John 3:16

ETERNAL LIFE

영원한 생명
(Eternal Life)

Contemplation Sharing

묵상 나눔 (요한복음 3:16)

요한복음 3장 16절의 말씀은 어린 시절부터 너무나도 많이 듣던 말씀입니다. 성경에서 단 하나의 구절만 남게 된다면 이 구절이 남게 될 것이 말할 정도로 기독교에 있어 이 말씀은 핵심이라 할 수 있습니다. 이 구절 안에는 세상을 사랑하신 하나님, 그 세상을 위해 이 땅에 오신 하나님의 아들 예수님, 그 예수님을 믿는 자들은 멸망하지 않고 영생을 얻게 된다는 사실 등 간단하면서도 기독교에 있어 너무나도 중요한 말씀이 기록되어 있습니다.

하나님은 자신이 창조하신 세상을 사랑하십니다. 세상의 죄가 만연하여 하나님을 외면하더라도, 하나님은 세상을 사랑하고 계십니다. 그 사랑의 모습을 구약에는 이스라엘의 역사를 통해 보여주셨고 나아가 신약에는 오늘 말씀과 같이 예수님을 통해 보여주셨습니다. 하나님의 사랑이 없었다면 예수님도 이 땅에 오시지 않았을 것입니다. 찬송가 가사와 같이 '하늘을 두루마리 삼고 바다를 먹물 삼아도 다 기록할 수 없는 하나님의 사랑', 이것이 없었다면 이 세상은 여전히 죄에서 회복될 수 없고 우리는 구원받지 못한 존재가 되었을 것입니다.

그리고 예수님의 순종으로 하나님의 사랑은 우리에게 나타나게 되었습니다. 하나님 아버지의 뜻을 알고 온전히 순종하신 예수님으로 인해 우리는 지금 그 사랑을 누리게 되었습니다. 참 하나님이면서, 참사람이신 예수님이 우리를 위해 겸손의 몸으로 이 땅에 오셨음을 우리는 잊어서는 안 됩니다.

이제 하나님은 이 예수님을 믿는 자들에게 약속하십니다. 예수님을 믿음으로 인하여 더 이상 죄로 인한 멸망은 없을 것이며, 하나님의 나라에 함께 거하는 영원한 생명을 누리게 될 것을 말입니다. 예수님을 믿는다는 것은 세상에서 벗어나 우리를 향한 하나님의 사랑에 접촉하는 것입니다. 그 사랑을 받는 자들이 누리는 은혜가 바로 영원한 생명입니다. 우리는 우리를 위해 이 땅에 오신 예수님을 믿음으로 인하여 멸망하게 될 세상과는 단절되고 예수님을 통해 영원하게 될 하나님과 연결되어 새로운 인생을 살아가는 그리스도인이 되었음을 늘 잊지 않아야 할 것입니다.

CONTEMPLATION WORSHIP SONG

My Contemplation
나의 묵상

WORD of GOD — 묵상을 통해 나에게 주신 **하나님의 말씀**

내게 주신 말씀을 삶에 적용하기 — **APPLY to LIFE**

PRAY for DETERMINATION — 묵상을 통한 **결단의 기도**

SAINTMUSIC PUBLISHING

40일 묵상찬양 - 16일 (그리스도인의 시작 3)

너희에게 이르노니 아니라 너희도 만일 회개하지 아니하면 다 이와 같이 망하리라
(누가복음 13:3)

I tell you, no! But unless you repent, you too will all perish.

Luke 13:3

주께 돌아감
(Return to the Lord)

주께 돌아감

Return to the Lord

Words & Music by 김성현

Contemplation Sharing

묵상 나눔 (누가복음 13:3)

히브리어에 '슈브'라는 단어가 있습니다. 뜻은 '되돌아가다, 회복한다'라는 의미를 지니고 구약에 약 1,000회 이상 나온다고 합니다. 특별히 회개의 의미를 기억할 때 우리는 돌아감에 대한 묵상을 많이 합니다. 다시 하나님께로 돌아가는 것, 그리고 다시 세상으로 나아가지 않는 것, 그래서 회개를 말할 때 180도 유턴이라는 비유를 많이 사용합니다. 어떤 이는 말합니다. 회개라는 것은 악에서 돌아서서 선으로 돌아가는 것을 의미한다고 말입니다. 하나님 또한 구속한 백성을 향하여 다시 돌아오라고 말씀하십니다(사 44:22).

오늘 묵상하는 말씀에도 예수님은 회개하여 망함을 피하라고 말씀하십니다. 이 말씀은 소돔과 고모라를 연상시킵니다. 우리가 회개하지 않는다는 것은 계속 멸망할 소돔과 고모라에 머문다는 것과 같습니다. 빨리 그 땅에 나가 하나님의 심판을 피해야 할 것입니다. 천로역정의 크리스천이 멸망의 도시에 나와 천성을 향해 나아가듯이 우리도 멸망의 자리에 빨리 벗어나야 합니다. 주님은 그것이 회개라고 말씀하십니다. 우리를 망하게 하고, 죽이고, 피폐하게 하는 모든 것으로부터 우리는 회개함으로 피해야 합니다. 그것이 예수님은 살길이라고 말씀하십니다.

그런데 놀라운 것은 하나님은 돌아오라고 말씀하셨지, 어떠한 조건을 내세우지 않으셨다는 점입니다. 문제를 해결하고 돌아오라, 너의 상황을 해결하고 돌아오라, 너의 성격을 변화시키고 돌아오라 등 하나님은 우리의 문제를 해결하고 그때 돌아오라고 하지 않으셨다는 것입니다. 결국 문제의 해결, 상황의 해결, 성격의 변화는 하나님께서 하시겠다는 것입니다. 돌아오기만 하면 그 모든 것을 책임져 주시겠다는 하나님 은혜의 말씀입니다.

이를 위해 우리는 우리의 잘못, 연약함, 실수, 부족함 등 하나님께 나아가게 하지 못하는 모든 것을 시인하고 하나님께 돌아가야 할 것입니다. 그렇지만 주께 돌아간 자는 No Turning Back(되돌아가지 않기) 해야 합니다. 되돌아간다는 것은 멸망할 자리로 다시 돌아간다는 것입니다. 그리스도인은 늘 하나님께 돌아가는 지입니다. 다시 말하면, 매 순간 악에서 돌아서서 선으로 돌아가는 것으로 살아가는 자입니다. 주께 돌아가 되돌아가지 않고 늘 주님과 함께하는 행복한 삶이 있기를 바랍니다.

CONTEMPLATION WORSHIP SONG

My Contemplation
나의 묵상

WORD of GOD 묵상을 통해 나에게 주신 **하나님의 말씀**

내게 주신 말씀을 **삶에 적용하기** APPLY to LIFE

PRAY for DETERMINATION 묵상을 통한 **결단의 기도**

SAINTMUSIC **P**UBLISHING

40일 묵상찬양 - 17일 (그리스도인의 시작 4)

(로마서 10:6-10)

But the righteousness that is by faith says: "Do not say in your heart, 'Who will ascend into heaven?'" (that is, to bring Christ down) "or 'Who will descend into the deep?'" (that is, to bring Christ up from the dead). But what does it say? "The word is near you; it is in your mouth and in your heart," that is, the word of faith we are proclaiming: That if you confess with your mouth, "Jesus is Lord," and believe in your heart that God raised him from the dead, you will be saved. For it is with your heart that you believe and are justified, and it is with your mouth that you confess and are saved.

Romans 10:6-10

믿음으로
(By Faith)

By Faith

믿음으로

Words & Music by 김성현

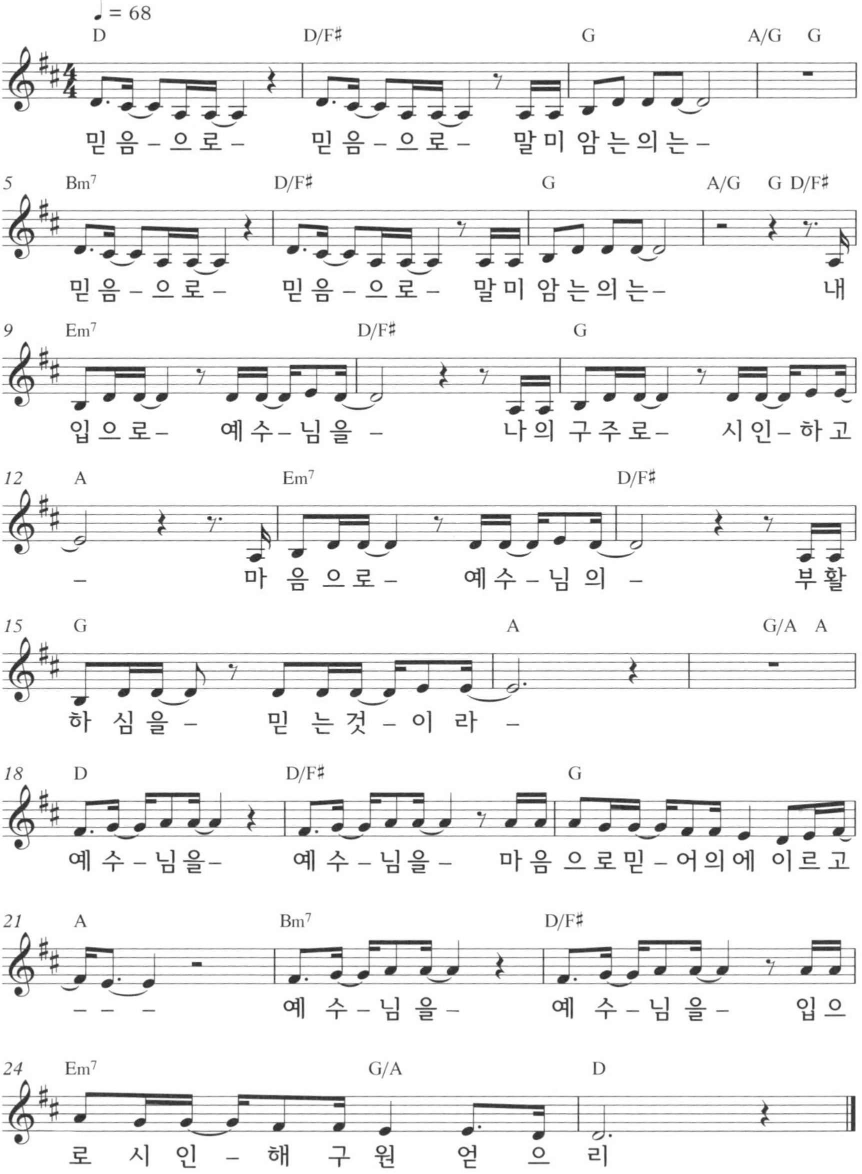

MUSIC

묵상 나눔 (로마서 10:6~10)

예수님을 진정으로 영접하고 믿었던 순간을 기억해 보면, 고등학교 1학년 시절 친구와 함께 교회에 갔을 때였습니다. 교회에 들어가자마자 반겨주시던 사모님이 간단한 소개를 마치신 후 예수님을 영접했는지를 물으셨습니다. 어린 시절부터 부모님을 따라 교회학교 생활도 했었지만, 그 당시 영접이라는 단어도 생소했고 이것을 왜 해야 하는지도 몰랐습니다. 처음에는 교회에 오면 당연히 하는가 보다 하고 사모님을 따라 기도했습니다. 기도의 내용은 나의 죄를 고백하고 예수님을 이제 나의 구주로 내 안에 모시는 기도였습니다. 간단하고 짧은 기도였기에 그때는 통과의례와 같이 생각했습니다.

시간이 지나고 성경 공부를 한 후부터 제가 한 기도가 얼마나 중요한지를 깨닫게 되었습니다. 세월을 흘러 목사가 된 지금에는 이 기도를 어떻게 그렇게 쉽게 할 수 있었을까 생각해봅니다. 어떤 분에게는 예수님을 시인하고 믿는 것이 참으로 어렵고 오랜 시간이 필요하기 때문입니다. 그 무엇이 제게 있었기에 저는 그토록 쉽게 예수님을 받아들일 수 있었을까?, 익숙함이었을까?, 분위기이었을까?, 평안함 때문이었을까? 자신에게 질문을 던져 보며 생각해 봅니다.

결국 제가 예수님을 시인할 수 있었던 것은 제 안에 하나님의 은혜로 심어진 믿음으로 말미암아 가능했음을 깨닫습니다. 믿음 없이는 예수 그리스도를 주라 시인할 수 없는 우리에게 믿음이라는 것을 허락하셔서 예수님이 누구신지, 무엇을 하셨는지를 분명히 알게 하시는 하나님의 은혜를 주셨기에 내가 그리스도인이 될 수 있었음을 고백합니다. 아무것도 드린 것 없이 오직 믿음 하나만 가지고 나아갔을 뿐인데 하나님은 그것으로 다 되었다고 하시고 저를 하나님의 자녀로 삼아주셨습니다. 예수님이 믿어졌다는 것, 예수님이 하신 모든 것이 사실이라고 믿어지는 것이, 제게는 놀라운 은혜입니다.

마음이 강퍅한 사람들을 본 적 있습니다. 이들에게도 예수 그리스도를 만나는 구원의 역사가 일어나도록 우리는 기도해야 합니다. '세상 모든 민족이 구원을 얻기까지 쉬지 않으시는 하나님'이라는 찬양의 고백과 같이 하나님은 주무시지도 않고 세상 만물을 지키고 계십니다(시 121:4). 우리도 하나님의 마음을 알고 그들이 예수님을 알고, 시인하고, 믿을 수 있도록 전도와 기도에 힘써야 할 것입니다.

CONTEMPLATION WORSHIP SONG

My Contemplation
나의 묵상

WORD of GOD — 묵상을 통해 나에게 주신 **하나님의 말씀**

내게 주신 말씀을 삶에 적용하기 — APPLY to LIFE

PRAY for DETERMINATION — 묵상을 통한 **결단의 기도**

SAINTMUSIC **P**UBLISHING

40일 묵상찬양 - 18일 (그리스도인의 시작 5)

새로운 피조물
(New Creation)

새로운 피조물

New Creation

Words & Music by 김성현

Contemplation Sharing

묵상 나눔 (고린도후서 5:17)

몇 년 전부터 많은 사람이 회귀, 환생과 같은 것에 관심을 가지고 있습니다. 바로 제2의 기회를 얻게 되면 어떻게 될까? 라는 생각으로 상상하기 시작했고, 사람들은 그 상상 속의 이야기에 열광했습니다. 자신도 소설과 영화, 드라마의 주인공과 같이 그래봤으면 하는 생각에 말입니다.

놀라운 것은 오늘 말씀 가운데에도 새롭게 되는 것을 이야기하고 있다는 것입니다. 사도 바울은 말합니다. 누구라도 예수 그리스도 안에 있는 자라면 그는 새로운 피조물로 살아간다고 말입니다. 이전의 악한 어떤 것은 다 지나갔고 이제는 새 것만 남게 되었다고 말합니다. 이는 그리스도인이 된다는 것이 어떤 의미인지를 분명하게 전해주고 있습니다. 그리스도인이 된다는 것은 이전의 악한 삶, 하나님을 모르는 삶, 내가 주인 된 삶에서 돌아서서 선하고, 하나님의 말씀에 순종하고, 하나님이 삶의 주인 되는 삶을 의미합니다.

그런데 오늘 묵상의 말씀은 이 모든 것이 예수 안에 있을 때 가능함을 말합니다. 예수 안에 머무는 자가 누릴 특권이 바로 새로운 삶이라는 것입니다. 이것이 어떻게 가능하게 될까요? 아직도 모습은 그대로이고, 아직도 삶은 여전히 같고, 여전히 삶 속에 고난과 역경은 반복되는 삶을 살아가는 우리가 어떻게 새로운 존재로서 삶을 살아간다는 것일까요?

그럼 이렇게 생각하면 어떨까요? '내가 만약 그리스도인이 되지 않았다면 나는 어떠한 모습으로 살아갔을 것인가'라고 말입니다. 과연 지금과 같은 삶을 살아갈 수 있었을까요? 삶을 돌아보면, 예수님을 믿고 난 후부터 전혀 새로운 인생을 사는 저의 모습을 발견하게 됩니다. 이 모든 것이 예수 안에 있을 때 가능한 역사였습니다. 예수 안에 있다는 것은 이제 예수님의 생각, 행동, 뜻에 관심을 가지고 그것들을 닮기 위해 살아가는 것을 말합니다. 이전과 전혀 다른 존재로서 삶을 사는 것이죠. 결국 우리가 그리스도인이 되었다는 것은 예수님처럼 살기 원하는 새로운 피조물로 바뀌었음을 뜻합니다. 그러나 우리는 꼭 기억해야 합니다. 오직 예수 안에 있을 때만 새로운 피조물로서 살아갈 수 있음을 말입니다.

CONTEMPLATION WORSHIP SONG

My Contemplation

나의 묵상

WORD of GOD — 묵상을 통해 나에게 주신 **하나님의 말씀**

내게 주신 말씀을 **삶에 적용하기** — **APPLY to LIFE**

PRAY for DETERMINATION — 묵상을 통한 **결단의 기도**

SAINTMUSIC PUBLISHING

Contemplation Worship Song for 40 days

40일 묵상찬양 - 19일 (그리스도인의 시작 6)

19

THE BEGIN OF CHRISTIAN 6

예수께서 이르시되 나를 붙들지 말라 내가 아직 아버지께로 올라가지 아니하였노라 너는 내 형제들에게 가서 이르되 내가 내 아버지 곧 너희 아버지 내 하나님 곧 너희 하나님께로 올라간다 하라 하시니 (요한복음 20:17)

Jesus said, "Do not hold on to me, for I have not yet returned to the Father. Go instead to my brothers and tell them, 'I am returning to my Father and your Father, to my God and your God.'"

John 20:17

FATHER GOD

하나님 아버지
(Father God)

하나님 아버지

Words & Music by 김성현

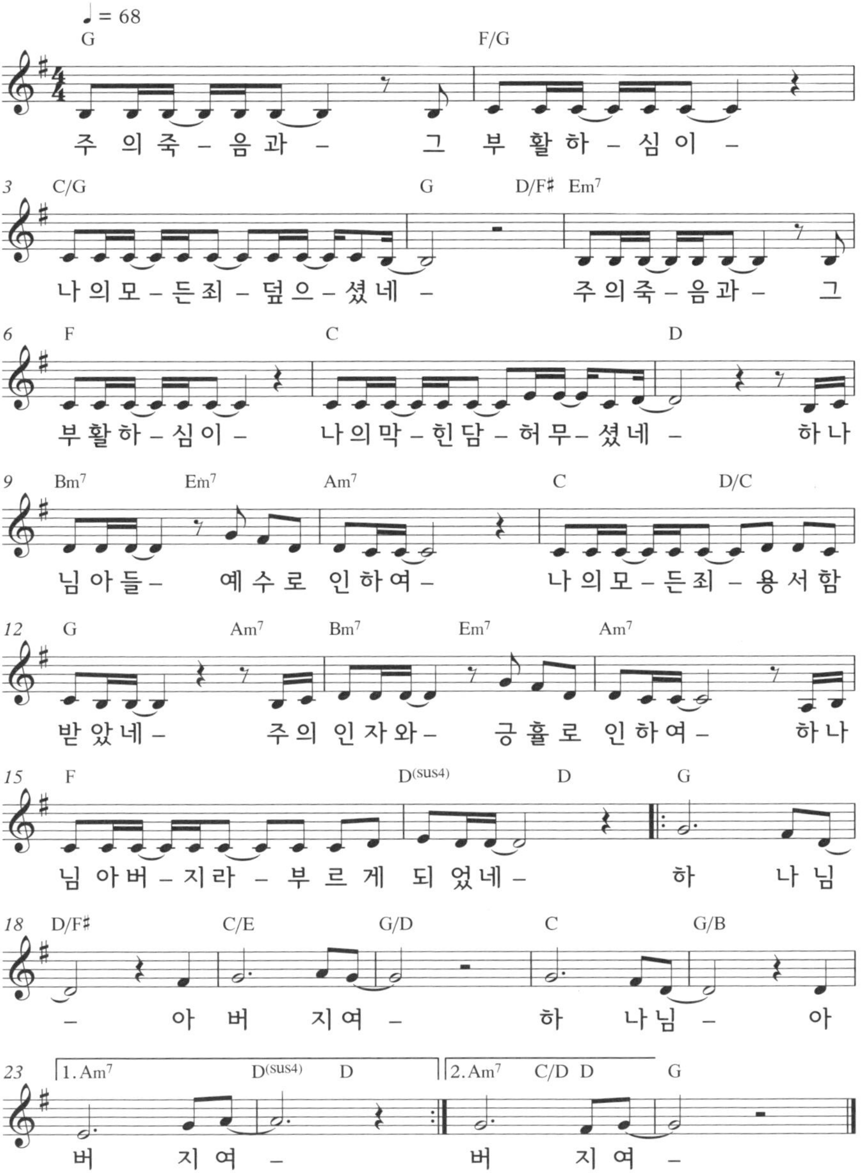

85

Contemplation Sharing

묵상 나눔 (요한복음 20:17)

예수님을 영접하고 그 이름을 믿어 그리스도인이 된 후부터 우리는 하나님의 자녀가 되는 권세를 가지게 되었습니다(요 1:12). 이것은 얼마나 놀라운 특권이라는 것을 우리는 알아야 할 것입니다. 더는 종의 영이 아닌 양자의 영을 통해 이제는 하나님을 향하여 아빠 아버지라 부를 수 있게 되었습니다(롬 8:15).

태초에 아담과 하와에게 하나님은 아버지였습니다. 그러나 그들의 죄지음으로 인하여 그 관계가 무너졌고, 결국 하나님의 모습은 아버지보다는 창조주 하나님으로 묘사되었습니다. 그래도 하나님은 모세를 통해(신 32:6), 다윗을 통해(시 89:26), 이사야를 통해(63:16; 64:8), 예레미야를 통해(렘 31:9). 말라기를 통해(말 1:6) 하나님이 우리의 아버지가 되심을 구약에서도 말씀하셨습니다. 하나님은 늘 우리를 자녀 삼길 원하셨고, 깊은 관계를 나누기를 원하셨습니다. 그러나 우리는 죄지음으로 인해 여전히 하나님과의 관계를 회복하지 못했습니다.

예수님이 오심은 바로 이 끊어진 관계의 회복이었습니다. 그리스도인이 된다는 것은 바로 창조의 역사를 다시 이어가는 것입니다. 첫 인간인 아담과 나누었던 그 친밀한 관계를 우리는 예수 그리스도를 통하여 다시 이룰 수 있게 된 것입니다. 하나님과 우리 사이를 막고 있었던 죄의 담이 허물어지고 예수로 인하여 하나님을 아버지라 부를 수 있는 것, 세상 만물을 주관하시는 전능하신 하나님이 이제 우리의 아버지가 되어 주신 것은 그 무엇으로도 표현할 수 없는 하나님의 크고 놀라운 은혜와 사랑으로 가능하게 되었습니다.

누구에게는 아버지라는 존재가 과묵하고, 엄격하며, 무서운 분일 수도 있습니다. 물론 하나님도 우리가 두려워해야 할 분입니다. 우리는 마땅히 경외해야 합니다. 그러나 아버지의 존재가 있고, 없고는 다른 문제입니다. '나는 그리스도인입니다' 이렇게 고백하는 것에 '하나님 아버지는 언제나 든든한 나의 편이 되어 주시고, 늘 함께하시는 분입니다'가 내포되어 있음을 우리는 깨달아야 할 것입니다. 이 사실을 잊지 않고 늘 아버지가 되신 하나님을 찾고, 부르고, 다가가는 믿음의 자녀가 되길 바랍니다.

CONTEMPLATION WORSHIP SONG

My Contemplation
나의 묵상

WORD of GOD — 묵상을 통해 나에게 주신 **하나님의 말씀**

내게 주신 말씀을 삶에 적용하기 — **APPLY to LIFE**

PRAY for DETERMINATION — 묵상을 통한 **결단의 기도**

SAINTMUSIC **P**UBLISHING

40일
묵상찬양

Contemplation Worship Song for 40 days

20

40일 묵상찬양 - 20일 (아버지의 은혜와 사랑 1)

THE GRACE & LOVE 1

하나님이여 사슴이 시냇물을 찾기에 갈급함 같이
내 영혼이 주를 찾기에 갈급하니이다 (시편 42:1)

As the deer pants for streams of water, so my soul pants for you, O God.
Psalms 42:1

THIRST FOR THE LORD

주를 갈급함
(Thirst for the Lord)

주를 갈급함

Thirst for the Lord
Words & Music by 김성현

Contemplation Sharing

묵상 나눔 (시편 42:1)

사슴은 물을 자주 먹지 않으면 얇은 식도가 말라서 타는 듯한 고통을 느끼게 된다고 합니다. 이 고통을 벗어나기 위해 사슴은 자주 물을 마시게 되는데, 사냥꾼들은 이 습성을 이용해 사슴을 사냥한다고 합니다. 사냥꾼이 있는 것을 알면서도 사슴은 견딜 수 없는 고통으로 인해 시냇물을 마실 수밖에 없기 때문입니다. '갈급하다'의 사전적 뜻을 보니 목이 마른 듯이 몹시 조급한 상황을 나타낸다고 합니다. 사슴에게 시냇물이란 자신의 생명과 직결되는 필수적인 요소입니다. 주변의 어떠한 적들이 있을지라도 사슴은 시냇물을 찾습니다. 사슴에게 있어 적들보다 더 중요한 것이 시냇물이기 때문입니다.

시편 42편을 쓴 기자는 하나님을 찾는 것이 이와 같아야 한다고 고백합니다. 사슴이 시냇물을 찾는 그 갈급함과 같이 하나님의 백성들은 하나님을 갈급해야 한다고 고백합니다. 목자가 잃어버린 어린양을 찾기 위해서 수많은 곳을 헤매는 것과 같이 우리는 늘 이와 같은 심정으로 주님을 찾아야 합니다. 왜냐하면 사슴에게 시냇물이 생명줄이듯이 그리스도인들에게 하나님은 생명줄이기 때문입니다.

사슴의 모습에서 주님을 어느 정도로 찾아야 하는지 또한 찾아볼 수 있습니다. 사슴은 주변에 어떠한 적들이 있더라도 그 적들이 자신을 죽인다는 것을 알면서도 시냇물로 나아갑니다. 우리가 하나님을 찾는 것도 이와 같아야 합니다. 주변의 상황이 어떠하든지, 하나님을 찾는 상황으로 인하여 내가 불이익을 당하고 때로는 목숨에 위협을 받는다고 할지라도 우리는 하나님을 찾아야 합니다. 우리가 진정으로 사는 방법은 바로 하나님으로부터 오기 때문입니다. 수많은 순교자는 그렇게 믿음을 지키며 살아갔습니다. 왜냐하면 그들의 소망은 이 땅이 아닌, 하늘나라였기 때문입니다.

어떠한 위협 속에서도 죽음의 순간에서도 굳건한 믿음을 지키며 살아갔던 믿음의 선진들을 기억하며, 하나님이 우리의 참 생명, 참 소망임을 잊지 않기 위해, 늘 주님을 보기에, 주님 만나기에, 주와 함께 거하기에, 주를 찾기에, 주께 나가기에, 주와 함께 살기에 갈급해야 할 것입니다.

CONTEMPLATION WORSHIP SONG

My Contemplation

나의 묵상

WORD of GOD — 묵상을 통해 나에게 주신 **하나님의 말씀**

내게 주신 말씀을 **삶에 적용하기** — APPLY to LIFE

PRAY for DETERMINATION — 묵상을 통한 **결단의 기도**

SAINTMUSIC PUBLISHING

21

40일 묵상찬양 - 21일 (아버지의 은혜와 사랑 2)

나의 대적이여 나로 말미암아 기뻐하지 말지어다 나는 엎드러질지라도 일어날 것이요 어두운데에 앉을지라도 여호와께서 나의 빛이 되실 것임이로다 (미가 7:8)

Do not gloat over me, my enemy! Though I have fallen, I will rise. Though I sit in darkness, the LORD will be my light. Micah 7:8

주는 나의 빛
(The Lord is my Light)

THE GRACE & LOVE 2 — THE LORD IS MY LIGHT

The Lord is my Light
주는 나의 빛

Words & Music by 김성현

Contemplation Sharing

묵상 나눔 (미가 7:8)

어두운 밤길을 걷다 보면 때로는 불빛이 하나도 없는 골목을 지나갈 때도 있습니다. 그때마다 만나는 가로등 불빛은 잠시나마 느꼈던 두려움을 사라지게 해줍니다. 이와 비슷하게 정전되었을 때, 어떠한 전기기구도 사용할 수 없을 그때, 누군가 초 하나를 찾아 비추자 집안이 너무나도 밝아지던 그 순간을 경험하신 분들이 있을 거라 생각합니다.

선지자 이사야와 같은 시대에 사역했던 선지자 미가의 기록을 통해, 하나님의 법도와 말씀을 잃어버려 이방신을 섬기는 방법으로 예배드리는 그들의 모습을 보면, 이스라엘 백성이 얼마나 타락했는지 우리는 알 수 있습니다(미 6:6~7). 이러한 이스라엘의 사회적, 종교적 부패 속에 미가는 정의를 행하고 인자를 사랑하며 겸손히 하나님과 함께 행하는 것을 강조합니다(미 6:8).

어쩌면 우리도 미가와 같은 상황 속에서 살아가고 있는지도 모릅니다. 세상은 점점 타락하고, 미래에 대한 희망은 점점 희미해지고, 하나님께 온전히 예배하지 못하고 있는 그때가 지금일 수도 있습니다. 그래서 우리는 늘 하나님의 인도하심이 필요합니다. 어두운 세상 속에서 두려움으로 갈 길을 몰라 헤매고 있는 우리에게 가야 할 길을 열어주시는 빛 되신 하나님이 우리는 필요합니다. 하나님은 언제나 말씀으로 우리가 가야 할 길을 비추는 등불이 되어 주셨습니다(시편 119:105). 이스라엘 백성이 광야에서 행진할 때 구름이 떠오르면 가고 머무르면 진을 쳤던 그때와 같이 하나님은 늘 우리의 갈 길을 아시고 그 길을 향하여 비추어 주고 계십니다.

비행기가 한밤중 착륙할 때 활주로가 어디인지 알려주는 등이 있습니다. 이를 유도로등이라 합니다. 비행기가 안전하게 활주하도록 도움을 주는 등으로 어두운 밤중에는 없어서는 안 될 중요한 요소입니다. 하나님의 빛이 이와 같다고 생각합니다. 하나님은 우리가 안전하게 나아가도록, 다른 곳으로 이탈하여 사고가 나지 않도록, 늘 우리의 빛이 되어 주셔서 어떤 상황에도 잘 나아갈 수 있도록 도와주십니다. 이 은혜를 늘 잊지 않고 우릴 향해 비추시는 그 빛 안에 들어가기를 바랍니다.

CONTEMPLATION WORSHIP SONG

My Contemplation
나의 묵상

WORD of GOD — 묵상을 통해 나에게 주신 **하나님의 말씀**

내게 주신 말씀을 삶에 적용하기 — **APPLY to LIFE**

PRAY for DETERMINATION — 묵상을 통한 **결단의 기도**

SAINTMUSIC PUBLISHING

40일 묵상찬양 - 22일 (아버지의 은혜와 사랑 3)

22

THE GRACE & LOVE 3

내 모든 뼈가 이르기를 여호와와 같은 이가 누구냐 그는 가난한 자를 그보다 강한 자에게서 건지시고 가난하고 궁핍한 자를 노략하는 자에게서 건지시는 이라 하리로다 (시편 35:10)

My whole being will exclaim, "Who is like you, O LORD? You rescue the poor from those too strong for them, the poor and needy from those who rob them."

Psalms 35:10

RESCUER

건지실 이
(Rescuer)

Contemplation Sharing

묵상 나눔 (시편 35:10)

시편 35편은 사울을 피해 도망하던 다윗이 지은 시라고 합니다. 성경을 통해 다윗의 일대기를 아는 우리는 다윗이 억울한 상황 가운데서 사울을 피해 도망 생활을 힘겹게 했다는 것을 알고 있습니다. 힘겨운 도망 생활 가운데 다윗은 늘 하나님을 묵상하며 시편을 기록했습니다. 그리고 미래에 대한 희망을 품고 자신을 위험에서 구하시는 분은 오직 하나님이심을 믿고 있었습니다.

다윗은 어린 시절부터 어려운 순간마다 자신을 구원하신 하나님을 기억했을 것입니다. 자신의 신세에 대한 원망과 불평이 있을 수도 있었겠지만, 더 나아가 그는 이 모든 상황을 해결하실 분은 하나님밖에 없음을 그는 자기 삶을 통해 알고 있었습니다. 이스라엘의 마지막 사사인 사무엘로부터 기름부음을 받을 때도 다윗은 아버지 이새로부터 택함 받지 못해 처음부터 사무엘에게 불려 나가지 못하고 양을 치고 있었습니다. 하지만 하나님은 사무엘을 감동시키어 다윗의 형들 누구도 선택받지 못하게 하시고, 외면받고 천대받던 다윗을 부르게 하여 그에게 기름부음의 은혜를 누리게 하십니다. 다윗은 늘 기억했을 것입니다. 자신은 하나님의 은혜 없이는, 하나님의 도우심 없이는 살 수 없는 존재라는 것을 말입니다.

어려움이 닥칠 때, 먼저 우리는 주변을 바라봅니다. 우리에게 도움을 줄 실제적인 사람들을 보게 됩니다. 눈에 보이는 상황이기에, 눈에 보이는 사람에게 도움을 구합니다. 하지만 이는 눈앞에 있는 현실만 해결하는 것이지 근본적인 해결 방법이 아닐 수 있습니다. 문제 앞에, 우리는 하나님께 먼저 나아가야 합니다. 다윗과 같이 말입니다. 하나님께 나아갔을 때 당장 현실의 모습은 아무런 변화가 없을 수도 있습니다. 그래서 정말 해결되는 것이 맞는지 의구심이 들 수도 있습니다. 그러나 하나님의 역사는 가장 좋은 때, 가장 좋은 것으로 이루어집니다. 그리고 문제 자체가 사라지는 근본적인 해결로 역사하십니다. 또한 문제를 이겨낼 힘을 우리에게 주십니다. 더는 문제를 문제로 보지 않을 수 있도록 말입니다. 이것이 하나님의 건지심입니다. 그래서 다윗은 늘 하나님께 나아갔습니다. 우리도 다윗과 같이 하나님을 찾고 하나님의 건지심을 받는 자가 되길 바랍니다.

CONTEMPLATION WORSHIP SONG

My Contemplation
나의 묵상

WORD of GOD
묵상을 통해 나에게 주신 하나님의 말씀

APPLY to LIFE
내게 주신 말씀을 삶에 적용하기

PRAY for DETERMINATION
묵상을 통한 결단의 기도

SAINTMUSIC PUBLISHING

40일 묵상찬양 - 23일 (아버지의 은혜와 사랑 4)

23

THE GRACE & LOVE 4

THE HOUSE OF THE LORD

여호와여 구하옵나니 이제 구원하소서
여호와여 우리가 구하옵나니 이제 형통하게 하소서
여호와의 이름으로 오는 자가 복이 있음이여 우리가
여호와의 집에서 너희를 축복하였도다
(시편 118:25-26)

O LORD, save us; O LORD, grant us success.
Blessed is he who comes in the name of the LORD.
From the house of the LORD we bless you.

Psalms 118:25-26

주님의 집
(The House of the Lord)

주님의 집
The House of the Lord
Words & Music by 김성현

Contemplation Sharing

묵상 나눔 (시편 118:25~26)

형통의 사전적 의미는 '모든 일이 자신이 뜻했던 대로 잘 되어가는 것'을 말합니다. 쉽게 말하면 성공이라고 이야기할 수 있습니다. 자신이 원하는 것을 가지는 삶, 자신의 목표를 성취하는 삶, 자신이 되고자 하는 것을 이루는 삶 등 사람들은 이 형통을 간절히 원합니다. 이를 위해 돈을 벌고, 공부도 하며, 노력하는 것이 우리의 모습입니다. 그런데, 성경은 형통을 다르게 정의하고 있습니다. 하나님의 집에 머무는 자가 형통한다는 것입니다. 그리고 그 집은 오직 주님의 이름으로 인하여 갈 수 있도록 고백합니다. 이는 결국 형통의 근원은 하나님이심을 고백하는 것입니다. 사람의 노력으로 얻을 수 있다고 생각한 그 형통이 하나님께 속한 것임을 오늘 성경은 말하고 있는 것입니다.

성경에 요셉이라는 인물이 있습니다. 그는 야곱의 열한 번째 아들로 형들의 시기로 인해 애굽의 노예로 팔려 가게 됩니다. 그런데 성경은 노예로 팔려 가는 창세기 39장에서 그를 '형통한 자'가 되었다고 표현합니다(창 39:2). 그 앞에 조건이 하나 있는데 '여호와께서 요셉과 함께하시므로'라는 문장이 그것입니다. 요셉은 노예로 팔려 갔지만 하나님이 함께하셨기에 형통한 자로 살아갑니다. 모순되는 말로 들릴 것입니다. 힘겨운 노예의 삶이 형통하다고 표현하기 때문입니다. 그러나 그는 하나님의 함께하심으로 인하여 노예이지만 주인에게 신뢰받는 자로 살아갑니다. 그 후, 주인의 아내로 인하여 감옥에 가지만 역시 그곳에서도 하나님이 함께하심으로 신뢰받는 자로 지내게 됩니다. 때가 차매 결국 하나님은 그를 애굽의 총리의 자리까지 있게 하십니다. 애굽의 왕에게 신뢰받는 자로 만드셨기 때문입니다.

결국 하나님이 함께하심으로 우리는 형통을 얻게 됩니다. 그런데 이 형통은 단순한 잘됨이 아니라 바로 인정받는 자가 된다는 것입니다. 세상에서 인정받는 자로 하나님이 만들어 주신다는 것입니다. 하나님을 신뢰하기 때문에 사람들에게 신뢰받고 인정받는 자가 되었던 요셉과 같이 우리도 늘 하나님과 함께하고 하나님을 신뢰하는 자가 돼야 할 것입니다. 그것이 바로 형통의 비결이고 사람들에게 신뢰받는 자가 되는 방법입니다.

CONTEMPLATION WORSHIP SONG

My Contemplation
나의 묵상

WORD of GOD
묵상을 통해 나에게 주신 하나님의 말씀

내게 주신 말씀을 삶에 적용하기
APPLY to LIFE

PRAY for DETERMINATION
묵상을 통한 결단의 기도

SAINTMUSIC PUBLISHING

40일 묵상찬양 - 24일 (아버지의 은혜와 사랑 5)

여호와께서 내 주에게 말씀하시기를 내가 네 원수들로 네 발판이 되게 하기까지 너는 내 오른쪽에 앉아 있으라 하셨도다 (시편 110:1)

The LORD says to my Lord:
"Sit at my right hand until I make your enemies a footstool for your feet."

Psalms 110:1

주의 곁으로
(By Your Side)

주의 곁으로

By Your Side

Words & Music by 김성현

Contemplation Sharing

묵상 나눔 (시편 110:1)

시편 110편은 다윗의 시로 예수 그리스도에 대한 예언적인 계시의 시편이라고 합니다. 꼭 요한계시록에 다시 이 땅에 오셔서 세상을 심판하실 예수님의 모습을 보여주듯이 그리스도가 이 땅에 오셔서 만왕의 왕으로서의 위엄을 나타내실 것을 시편 110편은 기록하고 있습니다. 이 말씀 중 오늘 저에게 특별히 다가온 하나의 표현이 있었습니다. 그것은 1절에 기록된 '너는 내 오른쪽에 앉아 있으라'라는 음성입니다. 문자적으로 볼 때, 하나님이 죄와 사망의 권세를 이기실 그때까지 그리스도를 자신의 우편에 있게 한다는 표현이지만, 그리스도를 향한 그 음성이 제 안에 새롭게 들려지기 시작했습니다.

'두려워하지 말아라. 너의 모든 상황이 해결될 때까지 너는 내 옆에만 있어라. 이 모든 상황을 내가 해결할 테니 너는 내 곁에 머물러 있으면 된다. 내가 너를 지킬 것이다. 너의 곁을 절대 떠나지 않을 것이다.'

이와 같은 음성이 제게 들려지기 시작하자, 저를 향하신 하나님의 크고 놀라운 은혜와 사랑이 샘솟기 시작했습니다. 저를 홀로 두지 않기를 원하시는 하나님의 마음이 느껴졌습니다.

우리가 믿는 하나님은 늘 이렇게 우리에게 말씀하시고 먼저 다가오셨습니다. 예수님 역시 우리가 주님께 나아가기도 전에 먼저 오셔서 우리의 손을 잡고 자신의 옆으로 우리를 인도하셨습니다. 그리고 하나님은 '사랑한다, 이제는 괜찮다, 더는 두려워하지 말라, 내가 너를 지켜주겠다'라고 말씀하십니다. 믿음을 가진 자들은, 주님을 사모하는 자들은, 주님을 간절히 찾는 자들은 이 음성을 주님 곁에서 들을 수 있을 것입니다.

다가오는 주님을 외면하지 말고, 더 주님께 가까이 나아갑시다. 주님의 그 옆자리로, 우리를 안아주시는 그 주님의 팔 안으로 들어갑시다. 그 사랑의 음성을, 그 은혜의 목소리를, 우리를 향한 하나님의 외침을 믿음으로 듣고 주의 곁에 가까이 더 가까이 거하는 우리가 되길 바랍니다.

CONTEMPLATION WORSHIP SONG

My Contemplation
나의 묵상

WORD of GOD — 묵상을 통해 나에게 주신 **하나님의 말씀**

내게 주신 말씀을 **삶에 적용하기** — **APPLY to LIFE**

PRAY for DETERMINATION — 묵상을 통한 **결단의 기도**

SAINTMUSIC PUBLISHING

40일 묵상찬양 - 25일 (아버지의 은혜와 사랑 6)

THE GRACE & LOVE 6

지존자의 은밀한 곳에 거주하며 전능자의 그늘 아래에 사는 자여 나는 여호와를 향하여 말하기를 그는 나의 피난처요 나의 요새요 내가 의뢰하는 하나님이라 하리니 (시편 91:1-2)

He who dwells in the shelter of the Most High will rest in the shadow of the Almighty. I will say of the LORD, "He is my refuge and my fortress, my God, in whom I trust."

Psalms 91:1-2

UNDER THE WINGS OF THE LORD

주 날개 아래
(Under the Wings of the Lord)

주 날개 아래
Under the Wings of the Lord
Words & Music by 김성현

Contemplation Sharing

묵상 나눔 (시편 91:1~2)

아기 새가 어미 새의 품 안에서 참 안식을 누리는 것과 같이, 갓난아기가 엄마의 품 안에서 깊은 잠을 자는 것과 같이, 우리 그리스도인들은 오직 하나님의 그 품 안에서 참된 안식과 쉼을 누릴 수 있습니다.

이스라엘 백성들은 광야를 이동하며 낮에는 구름기둥, 밤에는 불기둥이 성막 위에 머무는 것을 보았습니다. 후에 모세는 광야 40년 동안 하나님이 함께하심으로 인하여 이스라엘 백성의 옷이 낡아지지 않았고 발의 신이 해어지지 아니하였다고 고백합니다(신 29:5). 하나님은 낮에는 뜨거운 태양으로, 밤에는 매서운 추위로 힘겨워야 할 이스라엘 백성들을 위해 낮에는 구름기둥으로, 밤에는 불기둥으로 그들과 함께하시며 그들의 참된 보호자가 되어 주셨습니다.

다윗은 수많은 전쟁을 경험했습니다. 그 전쟁 속에서 늘 승리할 수 있었던 가장 큰 이유는 바로 하나님이 그들과 함께하신다는 믿음이 있었기 때문입니다. 그의 시편에는 유독 군사적인 용어가 많이 나타납니다. 피난처, 요새, 산성, 방패 등은 전쟁에 있어 없어서는 안 될 중요한 것입니다. 바로 생명과 직결되는 것이기 때문입니다. 늘 다윗에게 하나님은 이와 같은 곳이었습니다. 자신의 생명을 보존하고 지켜주는 곳, 그곳이 바로 하나님이 계시는 곳이었습니다. 그래서 그는 늘 하나님과 함께하기를 고대했습니다.

놀라운 것은 우리가 그리스도인이 되었다는 것이 바로 다윗이 고대하고, 소망했던 것을 이루는 삶의 성취라는 것입니다. 우리는 예수님을 믿는 것만으로 하나님과 함께하는 축복을 누리게 되었습니다. 왜냐하면, 예수님의 또 다른 이름이 바로 '임마누엘'이기 때문입니다. 이는 '하나님이 우리와 함께 계시다'라는 의미를 지니고 있습니다. 그리스도인은 자신 안에 그리스도를 주로 모신 자입니다. 그로 인해 우리는 하나님이 우리와 함께하시는 은혜를 누리게 되었습니다. 이스라엘 백성의 피난처, 요새, 산성이 된 하나님이 예수님을 통해 이제 우리와 함께하십니다. 이 사실을 잊지 말고 늘 예수님을 의지하여 하나님의 품 안에, 그 날개 아래 거합시다.

CONTEMPLATION WORSHIP SONG

My Contemplation
나의 묵상

WORD of GOD — 묵상을 통해 나에게 주신 **하나님의 말씀**

내게 주신 말씀을 삶에 적용하기 — **APPLY to LIFE**

PRAY for DETERMINATION — 묵상을 통한 **결단의 기도**

SAINTMUSIC PUBLISHING

40일 묵상찬양 - 26일 (아버지의 은혜와 사랑 7)

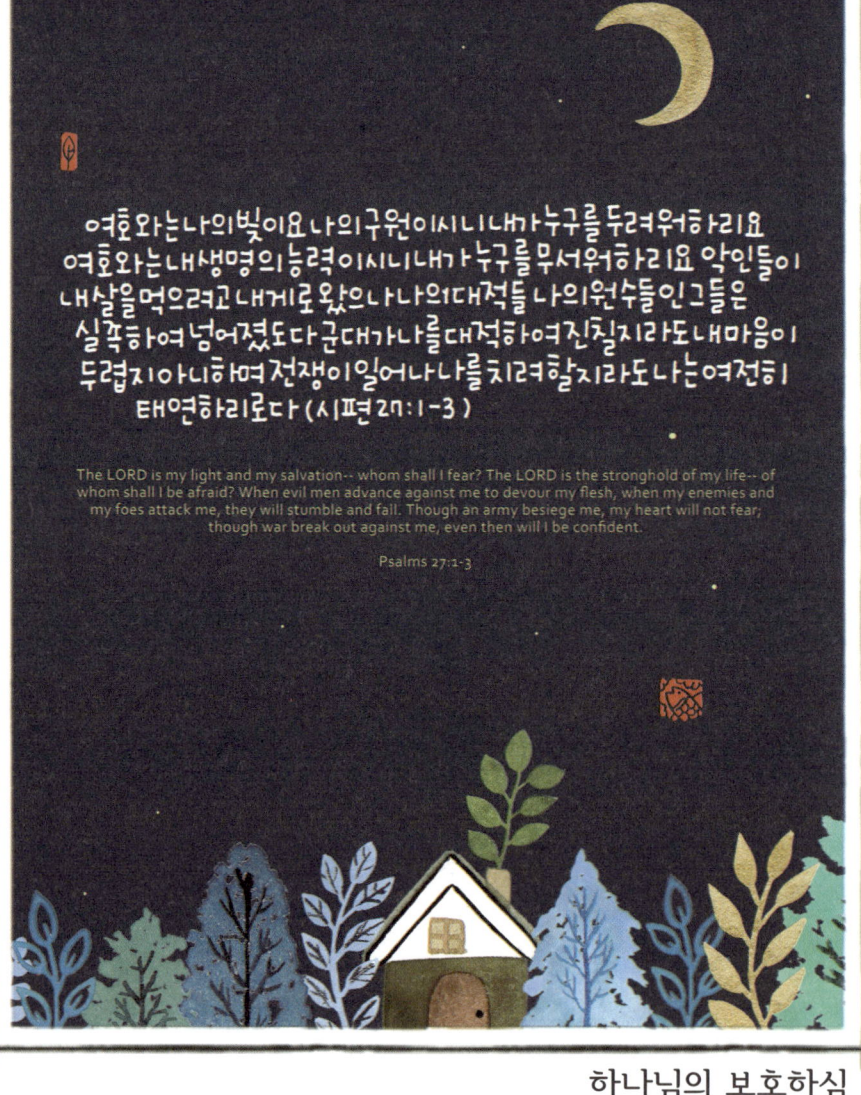

여호와는 나의 빛이요 나의 구원이시니 내가 누구를 두려워하리요 여호와는 내 생명의 능력이시니 내가 누구를 무서워하리요 악인들이 내 살을 먹으려고 내게로 왔으나 나의 대적들 나의 원수들인 그들은 실족하여 넘어졌도다 군대가 나를 대적하여 진 칠지라도 내 마음이 두렵지 아니하며 전쟁이 일어나 나를 치려 할지라도 나는 여전히 태연하리로다 (시편 27:1-3)

The LORD is my light and my salvation-- whom shall I fear? The LORD is the stronghold of my life-- of whom shall I be afraid? When evil men advance against me to devour my flesh, when my enemies and my foes attack me, they will stumble and fall. Though an army besiege me, my heart will not fear; though war break out against me, even then will I be confident.

Psalms 27:1-3

하나님의 보호하심
(God's Protection)

하나님의 보호하심

God's Protection

Words & Music by 김성현

Contemplation Sharing

묵상 나눔 (시편 27:1~3)

현실과 이상을 나누어 생각하면, 믿음을 가진다는 것은 때론 이상적인 것으로 생각할 수 있습니다. 하나님이 분명 나와 함께하시고 도움 주신다는 것을 믿고 살아가지만, 막상 현실을 마주하게 되면 두려움으로 인하여 좌절할 때가 있기 때문입니다.

그러나 우리는 다윗의 삶을 보면서, 현실과 이상의 구분을 깨뜨리시고 일하시는 하나님의 역사를 알게 됩니다. 그가 고백한 시편의 기록을 보면, 행복한 환경, 평화로운 상황에서 고백할 수 있는 내용들을 볼 수 있습니다. 또한 시편을 고백하는 그 순간에는 아무런 문제 없이, 모든 것이 해결된 것처럼 보일 때도 있습니다. 그러나 다윗의 고백을 깊이 묵상해보면, 그의 고백은 아직도 힘겹고, 목숨이 위태롭고, 도망치는 상황에서 이루어진 것입니다.

어쩌면, 믿음은 현실과 이상을 넘어서는 신비로운 영역일 수도 있습니다. 사람의 생각으로 이해할 수 없고, 설명할 수 없는 부분이 바로 믿음의 영역이기 때문입니다. 다윗은 이와 같은 믿음으로 오늘 우리에게 선포하며 시편 27편을 고백합니다. 그는 하나님이 빛이시고, 구원이시고, 생명의 능력이시기에 어떤 대적이 올지라도 두렵지 않고 오히려 태연할 것이라고 말합니다. 전쟁 중에 앞에 있는 수많은 적군을 보고 있는 순간에 태연함을 가지는 일은 그만큼 자신이 믿는 존재가 보이는 적군보다 더 크고 강하다는 것을 신뢰할 때 가능할 것입니다. 하나님을 향한 다윗의 믿음이 이와 같다는 것을 우리는 알아야 할 것입니다.

하나님이 누구신지, 어떤 분이신지 분명히 아는 것을 넘어 신뢰의 영역으로 들어가게 된다면, 우리는 다윗과 같은 경험을 하고 또한 다윗과 같은 고백을 하게 될 것입니다. 오늘 말씀을 통해, 믿음으로 하나님이 우리의 빛, 구원, 생명, 힘, 소망, 모든 것이 되어 주심을 고백할 때, 우리 삶에 역사하시는 하나님을 경험하게 될 것입니다. 다윗이 만났던 하나님을 우리도 지금 만날 수 있다는 것을 믿음으로 선포하며 살아가기를 바랍니다.

CONTEMPLATION WORSHIP SONG

My Contemplation

나의 묵상

WORD of GOD — 묵상을 통해 나에게 주신 **하나님의 말씀**

내게 주신 말씀을 **삶에 적용하기** — **APPLY to LIFE**

PRAY for DETERMINATION — 묵상을 통한 **결단의 기도**

SAINTMUSIC PUBLISHING

40일 묵상찬양

40일 묵상찬양 - 27일 (그리스도인의 삶 1)

내 삶을 주께
(My Life to the Lord)

내 삶을 주께

Words & Music by 김성현

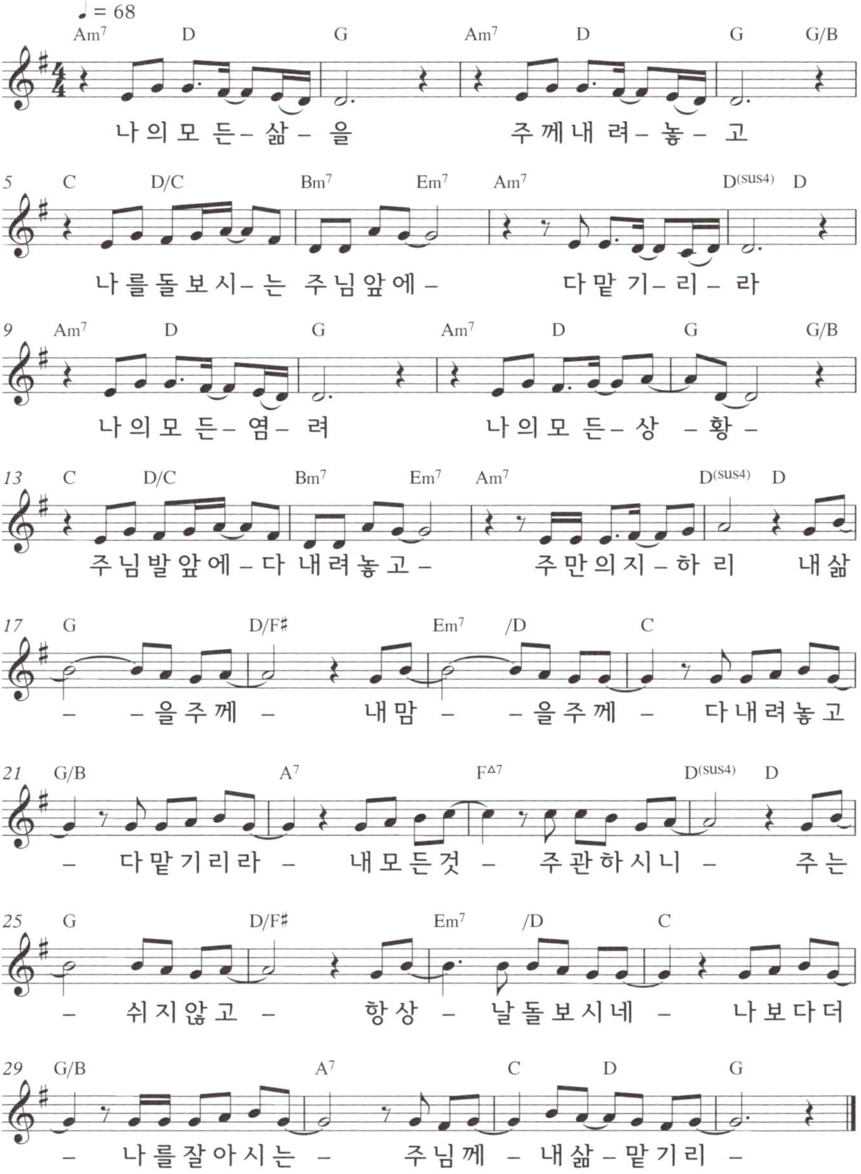

묵상 나눔 (베드로전서 5:7)

Contemplation Sharing

기도는 영혼의 호흡이며, 주님과 대화하는 것으로, 주님의 음성을 듣고 주님께 나의 문제를 고백하는 것입니다. 그래서 우리는 기도를 통해 주님께 우리의 삶의 문제를 맡겨드리며 해결해주시기를 간청합니다. 그런데 하나님께 맡기며 기도하여도 여전히 문제 앞에 넘어지고, 걱정하고, 분주한 우리의 모습을 보게 됩니다.

오늘 사도 베드로는 우리에게 말합니다. '너희 염려를 주님께 다 맡겨라'라고 하나님이 돌보신다고 선포합니다. 그런데 맡긴다고 고백하는 우리의 삶을 돌아보면, 여전히 우리 스스로 해결하려고 하는 모습이 나타납니다. 이것은 온전한 맡김이 아닙니다. 그래서 우리는 '하나님께 맡겨드립니다'라고 고백할 때는 상황, 환경, 삶 모든 것을 하나님께 내려놓아야 합니다.

내려놓음을 쉽게 표현하면, 포기한다는 것입니다. 포기의 사전적 의미를 찾아보니 '버리고 돌아보지 않는 것'이라는 의미가 나타납니다. 버리는 것만으로 끝나는 것이 아니라 돌아보지 않는 것도 포함되는 것이 포기입니다. 내려놓음도 역시 마찬가지입니다. 하나님께 내려놓고 그 모든 상황을 맡겼으면 더 이상 돌아보지 않는 것입니다. 이제는 믿음으로 하나님이 하실 일만 기대하는 것입니다.

하나님은 우리의 상황을 우리보다 더 잘 아시는 분이십니다. 그분은 더 멀리, 더 크게, 더 깊게 보고 우리의 모든 것을 주관하시는 분이십니다. 그 하나님께 맡겼다면, 그 하나님께 내려놓았다면, 그것으로 더 이상의 염려와 걱정은 없어야 할 것입니다. 기우제를 하면서도 우산을 들고 나가는 어린아이를 이해하지 못하는 어른의 웃을 수도 울 수도 없는 이야기를 다 한 번씩은 들어보았을 것입니다. 하나님께 맡긴다는 것이 무엇인지 바르게 알고, 맡겼으면 믿음으로 하나님의 때를 기다리면 됩니다. 그 시간은 이제 더 이상 무료한 시간이 아닙니다. 믿음을 더욱 굳세게, 견고하게 하는 시간입니다. 비록 지금 당장 아무런 역사가 일어나지 않을지라도, 하나님은 여전히 쉬지 않고 일하고 계십니다. 우리의 삶을 맡겨드린 하나님이 누구신지를 잊지 않고 그 하나님을 신뢰한다면, 우리는 어떤 상황에도 살아갈 수 있습니다.

CONTEMPLATION WORSHIP SONG

My Contemplation

나의 묵상

WORD of GOD
묵상을 통해 나에게 주신 **하나님의 말씀**

내게 주신 말씀을 **삶에 적용하기**
APPLY to LIFE

PRAY for DETERMINATION
묵상을 통한 **결단의 기도**

SAINTMUSIC **P**UBLISHING

28

40일 묵상찬양 - 28일 (그리스도인의 삶 2)

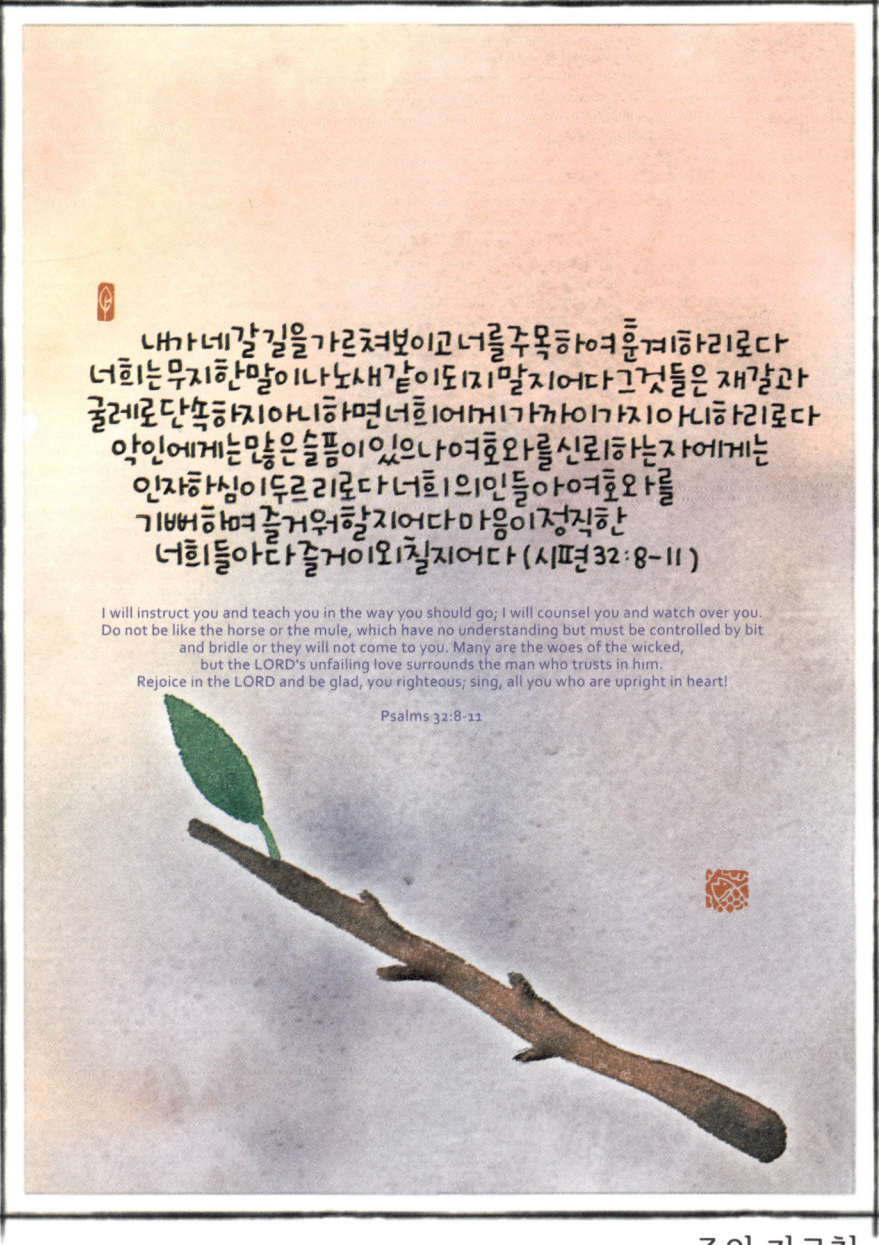

주의 가르침
(Lord's Teachings)

주의 가르침

Lord's Teachings

Words & Music by 김성현

내게바-른길-보이-시며 - 늘 말씀으-로가-르치-신주 - 때론 어렵고- 이해 못했-지만 - 모든것이- 나를위-한것 - 내게 보여주-소서- 나를 향한주-의뜻- 말씀으로- 보여주-소서 - 내게 알려주-소서- 주께서원하시-는것- 말씀으로-알려주-소서 - 사랑-으로- 나를가르-치신- 나의 하나님 진리-의길- 생명의그- 길로- 나-를 인도하-시네 - 나를위-한것 - 나를위-한것 -

Copyright © SaintMusic

묵상 나눔 (시편 32:8~11)

어린 시절 부모님과 선생님이 하셨던 말씀이 생각납니다. 그때에는 잔소리 같았고, 필요 없는 말처럼 느껴져 한 귀로 듣고 한 귀로 흘렸던 적이 많았던 것 같습니다. 신앙생활을 하면서도 목사님의 설교를 들을 때, 내게 필요한 말씀은 잘 듣고 그렇지 않을 때는 귀를 닫고 딴생각을 하던 그때가 또한 생각이 납니다. 세월이 흘러 나이가 들고 인생의 중반을 가고 있는 이 상황에서, 그때의 말씀들을 기억해보니 모든 것이 저를 위한 말씀이라는 것을 깨닫게 됩니다.

하나님의 말씀을 들을 때면 그 순간에는 이해하기 어렵고 맞지 않는 말씀이라고 여겨질 때가 있습니다. 그러나 우리에게 들려주시는 주님의 음성, 그 어느 것 하나 버릴 것이 없습니다. 그 말씀은 우리가 살아가는 이 삶 속에서 온전히 주님과 동행하기 위해, 믿음을 지키며 살아가기 위해, 주님의 뜻을 삶 가운데 온전히 이루기 위해 우리를 위해 주시는 하나님의 가르침입니다.

하나님은 이 모든 것을 사랑하는 마음으로 가르쳐주셨습니다. 왜냐하면 하나님이 우리에게 원하시는 삶은 우리가 하나님의 나라에 거하는 삶이기 때문입니다. 그 말씀은 우리가 그 나라에 온전히 갈 수 있도록 인도하시기 위한 진리의 길, 생명의 길이 됩니다. 그래서 우리는 하나님의 말씀에 귀 기울입니다. 지금 우리가 가는 이 길이 맞는 길인지, 정확하게 하나님의 나라를 향하여 가고 있는지, 하나님의 뜻대로 살아가고 있는지를 우리는 말씀을 통해 깨닫게 됩니다. 결국 주님의 말씀은 모두 하나님이 우리를 위해 주신 것임을 잊지 말아야 할 것입니다.

세상이 빠르게 변하여 우리는 여러 매체를 통해 수많은 말씀의 향연 속에 살아갑니다. 그러나 진정으로 우리가 하나님의 말씀을 듣는 자리는 각자 스스로 하나님과 만나는 자리입니다. 그것이 예배의 자리가 될 수도 있고, 기도의 자리가 될 수도 있고, 누군가에게는 삶의 자리가 될 수도 있습니다. 우리가 지금 있는 그 자리가 하나님께서 주시는 말씀의 가르침을 온전히 들을 수 있는 곳이 되기를 바랍니다.

CONTEMPLATION WORSHIP SONG

My Contemplation
나의 묵상

WORD of GOD — 묵상을 통해 나에게 주신 **하나님의 말씀**

내게 주신 말씀을 **삶에 적용하기** — APPLY to LIFE

PRAY for DETERMINATION — 묵상을 통한 **결단의 기도**

SAINTMUSIC **P**UBLISHING

Contemplation Worship Song for 40 days

29

40일 묵상찬양 - 29일 (그리스도인의 삶 3)

CHRISTIAN'S LIFE 3

새계명을 너희에게 주노니 서로 사랑하라
내가 너희를 사랑한 것같이 너희도 서로 사랑하라
너희가 서로 사랑하면 이로써 모든 사람이
너희가 내 제자인 줄 알리라 (요한복음 13:34-35)

"A new command I give you: Love one another. As I have loved you, so you must love one another.
By this all men will know that you are my disciples, if you love one another."

John 13:34-35

TRUE DISCIPLE

참된 제자
(True Disciple)

참된 제자

True Disciple

Words & Music by 김성현

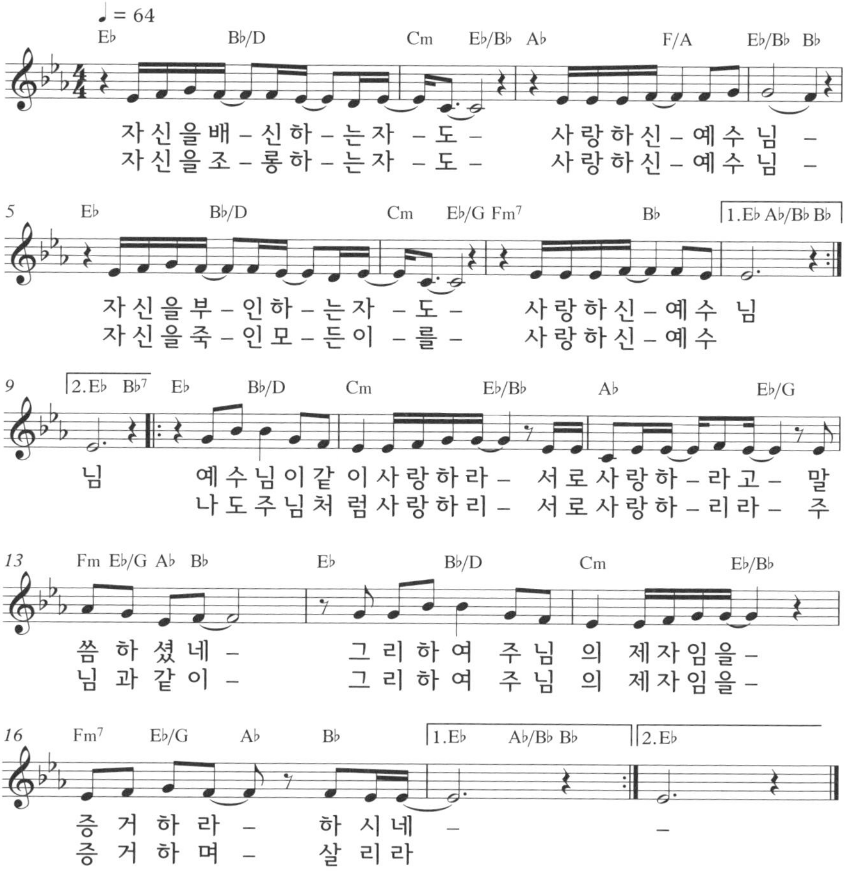

Contemplation Sharing

묵상 나눔 (요한복음 13:34~35)

'역보역추(亦步亦趨)'라는 사자성어가 있습니다. 남이 걸어가면 따라 걸어가고, 남이 종종걸음을 하면 따라서 종종걸음을 한다는 의미로 일일이 남이 하는 그대로 따라 한다는 것을 비유하는 고사에서 유래했다고 합니다. 이러한 유래 때문에 제자가 스승의 발자취를 따른다는 의미로 제자가 스승이 하는 바를 배우는 것을 뜻한다고 합니다.

예수님도 제자들에게 이와 같이 말씀하십니다. 내가 너희에게 보여준 사랑을 너희도 그대로 행하라고 말입니다. 그 행함으로 말미암아 사람들이 자기 제자인 것을 알게 될 것이라고 말씀하십니다. 결국 예수님의 제자가 된다는 것은 예수님이 보여주신 모든 것을 그대로 따라 행하는 것을 말합니다. 그것을 행함으로 인해 사람들이 예수님의 제자로 인정한다는 것을 역설하고 있는지 모릅니다.

'사도'라는 말로 예수님의 제자를 더욱 구분하여 강조하지만, 지금 우리에게 제자의 의미를 쉽게 인식하는 표현이 있습니다. 그것이 바로 그리스도인이라는 이름입니다. 그리스도인이 된다는 것 자체가 예수님의 제자가 된다는 것입니다. 사도행전 11장에서, 유대인에게만 전하던 복음을 이방인에게도 전할 때 수많은 사람이 믿고 예수님께 돌아오는 사건이 발생합니다. 이에 사도들은 바나바를 세워 안디옥으로 보내게 되고 많은 사람이 안디옥으로 몰려들게 됩니다. 그 후 바나바는 다소에서 머무는 사울(후에 바울이 됨)을 불러 함께 안디옥에서 일 년간 사람들을 가르치는데, 그때 가르침을 받은 제자들을 사람들은 그리스도인이라고 부르기 시작했습니다(행 11:26).

결국, 그리스도인이라는 말은 예수님의 제자로 살아가는 사람을 의미합니다. 그렇다면 예수님이 우리에게 보여주신 그 사랑, 그 헌신, 그 삶을 기억하며 우리도 그렇게 예수님의 발자취를 따라 그대로 똑같이 행하며 살아가야 합니다. 그것이 바로 그리스도인의 모습이기 때문입니다. 이제 예수님을 본받아 참된 제자로, 참된 그리스도인으로 살아가는 우리가 돼야 할 것입니다.

CONTEMPLATION WORSHIP SONG

My Contemplation
나의 묵상

WORD of GOD — 묵상을 통해 나에게 주신 **하나님의 말씀**

내게 주신 말씀을 삶에 적용하기 — **APPLY to LIFE**

PRAY for DETERMINATION — 묵상을 통한 **결단의 기도**

SAINTMUSIC **P**UBLISHING

40일 묵상찬양 - 30일 (그리스도인의 삶 4)

하나님이여 주는 나의 하나님이시라 내가 간절히 주를 찾되 물이 없어 마르고 황폐한 땅에서 내 영혼이 주를 갈망하며 내 육체가 주를 앙모하나이다 내가 주의 권능과 영광을 보기 위하여 이와 같이 성소에서 주를 바라보았나이다 주의 인자하심이 생명보다 나으므로 내 입술이 주를 찬양할 것이라 이러므로 나의 평생에 주를 송축하며 주의 이름으로 말미암아 나의 손을 들리이다 (시편 63:1-4)

O God, you are my God, earnestly I seek you; my soul thirsts for you, my body longs for you,
in a dry and weary land where there is no water.
I have seen you in the sanctuary and beheld your power and your glory.
Because your love is better than life, my lips will glorify you.
I will praise you as long as I live, and in your name I will lift up my hands.

Psalms 63:1-4

나의 갈망
(My Desire)

나의 갈망

My Desire
Words & Music by 김성현

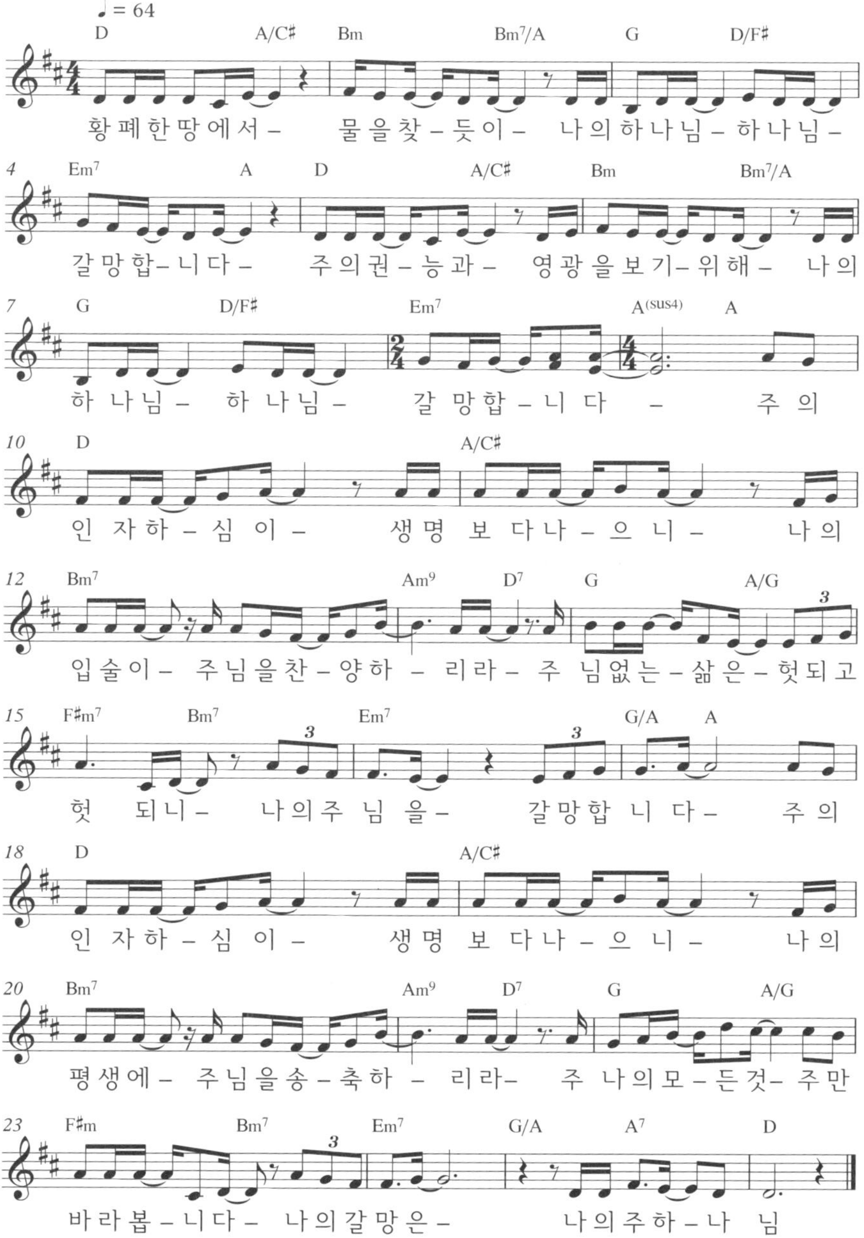

Contemplation Sharing

묵상 나눔 (시편 63:1~4)

시편 63편은 다윗이 아들 압살롬의 반역을 피해 유대 광야로 도피하였을 때 지은 시라고 합니다. 황폐한 광야 길을 걸어가면서, 그는 옛적 사울왕을 피해 도피했던 그 순간을 기억했을 수도 있습니다. 그러나 그에게 더 각인된 기억은 그 순간에 자신을 인도하시고 자신을 이스라엘의 왕으로 세워주신 하나님에 대한 것이었습니다. 하나님 없이는 지금의 삶까지 올 수 없는 인생이라고 생각했던 다윗은 자신의 막막한 상황보다 하나님을 찾고 예배하는 것이 기쁨임을 고백하며 시편 63편을 썼을 것입니다.

우리의 삶 역시 마찬가지입니다. '지금까지 지내 온 것 주의 크신 은혜라'라고 고백하는 찬송가의 가사와 같이 지금의 삶으로 살아가게 하신 것 모두가 하나님의 은혜라는 것입니다. 우리는 하나님 없이는 그 어떤 것도 이룰 수 없는 인생이라는 것을 인정하게 될 때, 우리의 예배 모습은 변하게 될 것입니다. 바로 오늘 다윗이 고백하는 것과 같이 하나님을 갈망하는 자의 모습으로 예배를 드리게 될 것이기 때문입니다.

다윗에게는 자신의 상황보다 하나님을 예배하고 찬양하는 것이 더 중요했습니다. 그래서 주의 인자하심이 생명보다 낫다는 믿음의 선포를 합니다. 자신의 상황으로 인해 생명이 사라진다고 하여도 지금까지 자기 삶의 모든 것을 인도하신 하나님의 사랑이 더 컸기에, 그는 하나님을 예배하고 높여 드리는 것을 갈망합니다. 결국 이 모든 상황을 풀어가시는 것도 하나님이심을 그는 믿었기 때문입니다.

하나님을 갈망한다는 것, 하나님을 온전히 찾는 것은 '하나님만이 이 모든 상황을 해결하신다'라는 믿음의 고백이 담겨 있습니다. 그 하나님을 만나기 위해, 그 하나님의 음성을 듣고 그분의 인도하심으로 살아가기 위해 다윗은 예배합니다. 찬양합니다. 우리도 이처럼 예배하기를 바랍니다. 오직 하나님만이 황폐한 땅에 물이 되시고, 상황을 열어갈 길을 만들어주시기 때문입니다. 따라서 우리가 갈망하는 것은 우리가 원하는 무언가가 아닌 하나님 그 자체가 되어, 우리의 삶을 이끄시는 주 하나님을 경험하며 살아가기를 바랍니다.

CONTEMPLATION WORSHIP SONG

My Contemplation
나의 묵상

WORD of GOD — 묵상을 통해 나에게 주신 **하나님의 말씀**

내게 주신 말씀을 **삶에 적용하기** — APPLY to LIFE

PRAY for DETERMINATION — 묵상을 통한 **결단의 기도**

SAINTMUSIC **P**UBLISHING

Contemplation Worship Song for 40 days

31

40일 묵상찬양 - 31일 (그리스도인의 삶 5)

CHRISTIAN'S LIFE 5

그러므로 하나님의 능하신 손 아래에서
겸손하라 때가 되면 너희를 높이시리라
(베드로전서 5:6)

Humble yourselves, therefore, under God's mighty hand, that he may lift you up in due time.
1 Peter 5:6

HUMBLE JESUS

겸손의 예수님
(Humble Jesus)

겸손의 예수님

Humble Jesus

Words & Music by 김성현

Contemplation Sharing

묵상 나눔 (베드로전서 5:6)

항상 기억하는 어머니의 말씀이 있습니다. 그것은 바로 '죽어야 한다'라는 것입니다. 항상 말씀하시는 것은 아니었지만 제가 사람들에게 인정받았을 때, 준비했던 일이 잘 풀렸을 때, 어머니는 잊지 않고 제게 꼭 이렇게 말씀하셨습니다. 쉽게 말하면, 그 일로 교만하지 말고 늘 겸손한 자가 되어야 한다고 당부하며 하시는 말씀이었습니다. 어렸을 때는 왜 그토록 그와 같은 말씀을 하셨을까에 대해 의문이 생기기도 했지만, 시간이 흐르고 지금의 자리까지 와보니 그 어머니의 말씀이 사랑이었고, 은혜였음을 기억하게 됩니다.

빌립보서 2장에도 기록되었듯이 예수님은 겸손의 몸을 입고 이 땅에 내려오셨습니다. 그리고 하나님이신 예수님이, 아무런 죄 없으신 예수님이 모든 인류의 죄를 지고 십자가에서 죽임을 당하셨습니다. 하나님은 그 예수님의 이름을 모든 이름보다 높게 하시어 그 이름으로 말미암지 않고는 구원을 얻지 못하게 하셨습니다.

겸손은 남을 존중하면서 자신을 내세우지 않는 태도라고 합니다. 이는 할 수 없어 일을 빼거나 자신감 없는 소심한 상태와는 구별된 모습임을 알 수 있습니다. 겸손한 자는 자신을 보이려고 하기보다는 남을 더 보이게 하고 자신의 권위를 세우기보다는 자신의 책임을 다하는 사람이라 생각합니다. 예수님도 역시 그러셨습니다. 예수님 자신도 스스로 말한 것이 없었으며, 오직 아버지가 되신 하나님께서 명령하신 대로 말씀하셨다고 고백하십니다(요 12:49). 예수님은 자신의 사역 모두가 아버지 되시는 하나님의 뜻이었고 자신도 그것에 쓰임 받는 자임을 사람들에게 알렸다는 것입니다.

우리도 이 예수님의 겸손을 따라 살아간다면, 우리의 삶에 나타나야 할 분은 오직 하나님이어야 할 것입니다. 우리의 삶을 통해 영광 받으셔야 할 분은 우리가 아니라 하나님 한 분이어야 한다는 것입니다. 그런데 놀라운 것은 하나님은 겸손의 삶을 살아가신 예수님의 이름을 모든 이름보다 뛰어난 이름으로 높여 주셨습니다. 결국 우리는 언제나 겸손할 뿐, 우리를 높이는 것은 우리가 아니라 하나님임을 우리는 잊지 말아야 할 것입니다.

CONTEMPLATION WORSHIP SONG

My Contemplation
나의 묵상

WORD of GOD — 묵상을 통해 나에게 주신 **하나님의 말씀**

내게 주신 말씀을 **삶에 적용하기** — APPLY to LIFE

PRAY for DETERMINATION — 묵상을 통한 **결단의 기도**

SAINTMUSIC **P**UBLISHING

40일 묵상찬양 - 32일 (그리스도인의 삶 6)

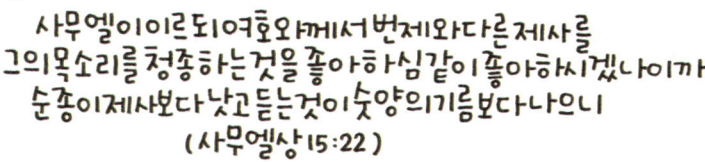

But Samuel replied: "Does the LORD delight in burnt offerings and sacrifices as much as in obeying the voice of the LORD ? To obey is better than sacrifice, and to heed is better than the fat of rams.

1 Samuel 15:22

말씀하신대로
(As You Said)

말씀하신대로

As You Said

Words & Music by 김성현

Contemplation Sharing

묵상 나눔 (사무엘상 15:22)

사사기 21장 25절의 말씀을 보면 다음과 같이 기록되어 있습니다. '그때에 이스라엘에 왕이 없으므로 사람이 각기 자기의 소견에 옳은 대로 행하였더라' 이는 사사기 전체의 역사를 축약하는 말씀입니다. 그들에게 왕이 있었다면 그들이 각자의 소견이 옳은 대로 행하지 않았을 것이라는 반문이 담긴 기록일 수도 있습니다. 그러나 이스라엘의 첫 왕인 사울을 우리는 기억합니다. 그의 시작에는 분명 하나님을 향하여 순결한 마음으로 나아갔습니다. 하지만 하나님이 세우신 왕이 아닌, 사람의 왕으로 변모하기 시작한 사울은 결국 오늘 사무엘 앞에 실수하게 됩니다. 사무엘이 오기도 전에 제사를 주도하여 드리게 된 것입니다. 이때 사무엘은 순종이 제사보다 낫다는 것을 사울에게 이야기합니다. 그리고 결국 이 불순종으로 인해 왕의 자리는 다윗에게로 넘어가게 됩니다.

하나님의 말씀대로 순종하는 것이 때로는 사람이 보기에 어리석고, 비합리적일지라도 그것이 우리의 기쁨이고 행복이기를 원합니다. 이스라엘 백성은 성막 위 구름이 옮겨질 때 이동히고, 구름이 멈출 때 다시 진을 쳤습니다. 그것이 이틀이든, 한 달이든, 일 년이든지 그들은 순종하며 광야의 길을 걸어갔습니다. 후에 가나안 땅에 이르러 그들은 12명의 정탐꾼을 보냈지만, 자신을 메뚜기와 같이 비교한 10명의 정탐꾼의 말을 들은 이스라엘 백성의 원망과 불평으로 40년간의 광야의 삶을 보내게 됩니다. 그러나 성경은 애굽에서 나와 시내산에서의 머문 시기와 이제 40년간의 시기를 마치고 가나안 땅으로 들어가는 이스라엘 백성들의 모습만 기록하고 있습니다. 거의 38년간의 내용은 생략이 되었습니다. 왜일까? 생각해 보았습니다. 저는 그 생략의 비밀이 바로 순종에 있다고 생각합니다. 순종하지 못할 때는 그들에게 사건, 사고가 잦았기에 기록할 것이 많았지만, 하나님께 순종하는 삶을 살았을 때는 평안한 삶이 계속되었기 때문에 특별히 기록할 만한 것이 없었을 것입니다. 이것이 바로 우리가 말씀하신 대로 살아가는 이유입니다. 하나님이 보호하시고, 이끄시는 삶, 늘 동행하시는 삶이 말씀에 순종할 때 나타나게 됩니다. 늘 그 사실을 잊지 말고 하나님의 말씀을 따라 그 뜻대로 순종하는 삶이 우리의 기쁨이자 행복이 되길 바랍니다.

CONTEMPLATION WORSHIP SONG

My Contemplation
나의 묵상

WORD of GOD　　　묵상을 통해 나에게 주신 **하나님의 말씀**

내게 주신 말씀을 **삶에 적용하기**　　　APPLY to LIFE

PRAY for DETERMINATION　　　묵상을 통한 **결단의 기도**

SAINTMUSIC **P**UBLISHING

Contemplation Worship Song for 40 days

40일 묵상찬양 - 33일 (그리스도인의 삶 7)

형제들아 내가 신령한 자들을 대함과 같이 너희에게 말할 수 없어서 육신에 속한 자 곧 그리스도 안에서 어린 아이들을 대함과 같이 하노라 내가 너희를 젖으로 먹이고 밥으로 아니하였노니 이는 너희가 감당하지 못하였음이거니와 지금도 못하리라 너희는 아직도 육신에 속한 자로다 너희 가운데 시기와 분쟁이 있으니 어찌 육신에 속하여 사람을 따라 행함이 아니리요 어떤 이는 말하되 나는 바울에게라 하고 다른 이는 나는 아볼로에게라 하니 너희가 육의 사람이 아니리요 그런즉 아볼로는 무엇이며 바울은 무엇이냐 그들은 주께서 각각 주신 대로 너희로 하여금 믿게 한 사역자들이니라 (고린도전서 3:1-5)

Brothers, I could not address you as spiritual but as worldly--mere infants in Christ. I gave you milk, not solid food, for you were not yet ready for it. Indeed, you are still not ready. You are still worldly. For since there is jealousy and quarrelling among you, are you not worldly? Are you not acting like mere men? For when one says, "I follow Paul," and another, "I follow Apollos," are you not mere men? What, after all, is Apollos? And what is Paul? Only servants, through whom you came to believe--as the Lord has assigned to each his task.

1 Corinthians 3:1-5

주어진 역할
(Given Role)

주어진 역할

Given Role

Words & Music by 김성현

Contemplation Sharing

묵상 나눔 (고린도전서 3:1~5)

삼겹줄에 대한 이야기를 많이 들어보았을 것입니다. 성경에도 이 삼겹줄에 대한 말씀이 나옵니다. "한 사람이면 패하겠거니와 두 사람이면 맞설 수 있나니 세 겹 줄은 쉽게 끊어지지 아니하느니라"(전 4:12) 솔로몬이 기록한 전도서에 나오는 말씀입니다. 그런데 이 삼겹줄이 이뤄지기 위해서는 서로의 줄이 각자의 위치에 맞게 들어가야 합니다. 이 삼겹줄을 구성하는 줄이 각자에 위치에 맞지 않게 들어가게 된다면 온전한 삼겹줄을 이룰 수 없게 된다는 것입니다.

이 이야기를 통해 생각할 수 있는 것이 바로 각자의 역할을 온전히 감당할 때, 그 공동체는 더 튼튼해지고 쉽게 무너지지 않게 된다는 것입니다. 한 사람으로 감당할 수 없는 것들을 각자의 맡은 소임에 따라 감당할 때 감당치 못할 그 일도 해낼 수 있게 된다는 것입니다. 제가 찬양대를 지휘할 때나 예배팀을 인도할 때마다 느끼는 것은 성도님들이 각자의 역할을 온전히 감당해주셨기 때문에 아름답고 힘 있는 찬양을 선포할 수 있었다는 것입니다. 아무리 세계적으로 유명한 지휘자, 예배 인도자가 있을지라도 찬양하는 찬양대가 없고 함께하는 예배팀이 없다면 아무것도 할 수 없을 것입니다. 성도님들 한 명 한 명은 미약할 수도 있지만 그들이 함께 모이면 너무나도 놀라운 찬양을 하나님께 드릴 수 있게 됩니다.

교회공동체는 특별히 유기적인 공동체입니다. 서로가 맡겨진 바를 충실히, 성실히 행할 때 교회는 건강하게 성장하게 됩니다. 그래서 교회 안에 계신 모든 성도분 중 필요치 않은 분이나 소중하지 않은 분은 없습니다. 모두가 교회공동체를 이뤄가는 데 필요하고 소중한 존재입니다. 그들이 모여 각자의 역할을 감당할 때 교회는 하나님이 이 땅에 맡겨진 소명을 능히 감당할 수 있기 때문입니다. 예배를 인도하는 저는 이를 잊지 않고 예배를 위해 섬기는 모든 지체들을 늘 소중히 여기고 감사히 여깁니다. 우리가 교회라는 공동체로 모인 순간 우리는 이제 함께 주의 일을 감당하는 사람들이 된 것입니다. 하나님께서 소원하시고 꿈꾸시는 것들이 교회공동체, 예배공동체를 통하여 하나씩 이루어지기를 소망합니다.

CONTEMPLATION WORSHIP SONG

My Contemplation

나의 묵상

WORD of GOD　　　묵상을 통해 나에게 주신 **하나님의 말씀**

내게 주신 말씀을 삶에 적용하기　　　APPLY to LIFE

PRAY for DETERMINATION　　　묵상을 통한 **결단의 기도**

SAINTMUSIC PUBLISHING

40일 묵상찬양 - 34일 (그리스도인의 삶 8)

온 세상 향하여
(Towards the Whole World)

온 세상 향하여

Towards the Whole World

Words & Music by 김성현

Contemplation Sharing
묵상 나눔 (사도행전 4:33)

청사초롱이라는 집회를 교회에서 진행한 적이 있습니다. '청년들이 사도행전의 정신을 따라 초심으로 롱런하자'라는 슬로건을 가지고 시작한 집회였습니다. 그 집회에서 찬양인도를 하면서 꿈꾼 것이 있었습니다. 바로 집회에 참여한 모든 청년에게 사도행전에 기록된 그 역사와 같이 성령 하나님이 강하게 임재하셔서 그들의 삶 가운데 사도행전과 같은 일들이 나타나는 것이었습니다.

저는 말씀에 기록된 것이 단순히 과거의 영광, 그때만 이루어진 놀라운 이적이 되지 않기를 바랍니다. 사도행전은 여전히 지속되고 있다고 말하는 분들도 계십니다. 성령의 역사하심 속에 살아가는 지금 우리는 비록 기록으로 쓰여 있지는 않지만 역시 하나님의 역사를 경험하면서 살아가고 있습니다. 그렇다면 분명한 것은, 사도들이 마가의 다락방에서 경험했던 뜨거운 성령체험과 사도들이 예루살렘 사람들을 향하여 복음을 전파했을 때 일어난 수많은 사람의 회개처럼 우리의 삶에도 분명히 동일하게 나타난다는 것입니다. 말씀에 기록된 과거가 아닌 바로 지금 우리가 살아가고 있는 이 순간에 말입니다.

그래서 우리는 그때와 같은 믿음의 열정을 가지고 예수님의 죽으심과 부활을 선포하고 죽어가는 영혼들이 다시 주님께 돌아와 구원을 얻을 수 있도록 선포해야 할 것입니다. 구원은 오직 예수 그리스도 한 분만으로 일어납니다. 성령의 권능을 입고 온 세상을 향하여, 온 민족을 향하여 증언한다면 우릴 통해 역사하시는 하나님께서 능히 사도행전의 역사를 다시 보여 주실 것입니다.

그런데 증언은 말로만 외치는 것이 아닙니다. 증언은 주님이 자기 삶에 어떻게 나타나셨는지를 고백하는 것입니다. 삶에 나타난 주님의 그 역사하심을 성령의 인도하심으로 담대히 선포하는 것입니다. 그 삶이 바로 예수 그리스도의 부활을 믿음으로 이뤄졌음을 자신의 인생을 통해 증명하는 것입니다. 이 믿음의 선포가 그리스도인으로 살아가는 우리 모두에게 나타나기를 바랍니다.

CONTEMPLATION WORSHIP SONG

My Contemplation

나의 묵상

WORD of GOD — 묵상을 통해 나에게 주신 **하나님의 말씀**

내게 주신 말씀을 **삶에 적용하기** — APPLY to LIFE

PRAY for DETERMINATION — 묵상을 통한 **결단의 기도**

SAINTMUSIC **P**UBLISHING

35

Contemplation Worship Song for 40 days

40일 묵상찬양 - 35일 (그리스도인의 삶 9)

CHRISTIAN'S LIFE 9

사람의 계명으로 교훈을 삼아 가르치니
나를 헛되이 경배하는도다 하였느니라 너희가
하나님의 계명은 버리고 사람의 전통을 지키느니라
또 이르시되 너희가 너희 전통을 지키려고 하나님의
계명을 잘 저버리는도다
(마가복음 7:7-9)

They worship me in vain; their teachings are but rules taught by men.'
You have let go of the commands of God and are holding on to the traditions of men."
And he said to them: "You have a fine way of setting aside the commands
of God in order to observe your own traditions!

Mark 7:7-9

COMMANDMENTS OF THE LORD

주의 계명
(Commandments of the Lord)

Commandments of the Lord

주의 계명

Words & Music by 김성현

Copyright © SaintMusic

Contemplation Sharing

묵상 나눔 (마가복음 7:7~9)

신명기 말씀에 '이스라엘아 네 하나님 여호와께서 요구하시는 것이 무엇이냐 곧 네 하나님 여호와를 경외하여 그의 모든 도를 행하고 그를 사랑하며 마음을 다하고 뜻을 다하여 네 하나님 여호와를 섬기고 내가 오늘 네 행복을 위하여 네게 명하는 여호와의 명령과 규례를 지킬 것이 아니냐'(신 10:12~13) 라고 기록된 말씀이 있습니다. 그런데 마지막에 이러한 표현이 나타납니다. 바로 하나님의 명령과 규례를 지키는 것이 바로 우리의 행복을 위한 것이라는 것입니다.

하나님은 자신에게 철저히 복종하고 따르는 기계적인 인간을 만들기 위해, 맹목적인 신앙을 추구하는 이단과 같이 만들기 위해 계명을 주시지 않았습니다. 현대를 살아가는 우리는 때때로 하나님의 명령과 규례를 고지식하고 시대와 맞지 않는 말씀처럼 여겨 이를 지키는 것이 타당하다고 생각하지 않을 수도 있습니다. 그러나 우리는 분명히 알아야 할 것입니다. 하나님의 계명은 바로 우리의 행복을 위해 주신 것임을 말입니다. 우리가 이 세상 가운데 잘 살아가도록, 하나님이 주시는 놀라운 복을 누리며 살기 원하는 마음으로 계명을 말씀하신 것입니다.

그래서 우리는 세상의 지혜와 그 어떤 교훈 보다도 하나님의 계명을 우선해야 합니다. 우리 삶에서 하나님의 그 말씀이 더 우선되어야 합니다. 그 말씀이 나타나는 삶을 살아낼 때, 우리는 이 계명을 진정으로 우리를 위한 것임을 깨닫게 될 것입니다. 하나님은 결단코 우리를 불행하게 만들기 위해, 억압하시기 위해 계명을 주신 것이 아닙니다. 그 계명을 지키는 것이 진정한 복임을 깨닫게 하시기 위해 하나님은 이스라엘 백성을 택하셔서 우리에게 말씀으로 알려주셨습니다. 말씀을 통해 그들의 삶을 반면교사 삼아 하나님의 계명을 늘 지키는 자로, 그 계명을 삶에 우선시하는 자로 살아가기를 바랍니다.

CONTEMPLATION WORSHIP SONG

My Contemplation

나의 묵상

WORD of GOD — 묵상을 통해 나에게 주신 **하나님의 말씀**

내게 주신 말씀을 삶에 적용하기 — **APPLY to LIFE**

PRAY for DETERMINATION — 묵상을 통한 **결단의 기도**

SAINT**M**USIC **P**UBLISHING

Contemplation Worship Song for 40 days

36

40일 묵상찬양 - 36일 (그리스도인의 삶 10)

CHRISTIAN'S LIFE 10

금식할 때에 너희는 외식하는 자들과 같이 슬픈 기색을 보이지 말라 그들은 금식하는 것을 사람에게 보이려고 얼굴을 흉하게 하느니라 내가 진실로 너희에게 이르노니 그들은 자기 상을 이미 받았느니라
(마태복음 6:16)

"When you fast, do not look somber as the hypocrites do, for they disfigure their faces to show men they are fasting. I tell you the truth, they have received their reward in full."

Matthew 6:16

TRUE FASTING

참된 금식
(True Fasting)

참된 금식

Words & Music by 김성현

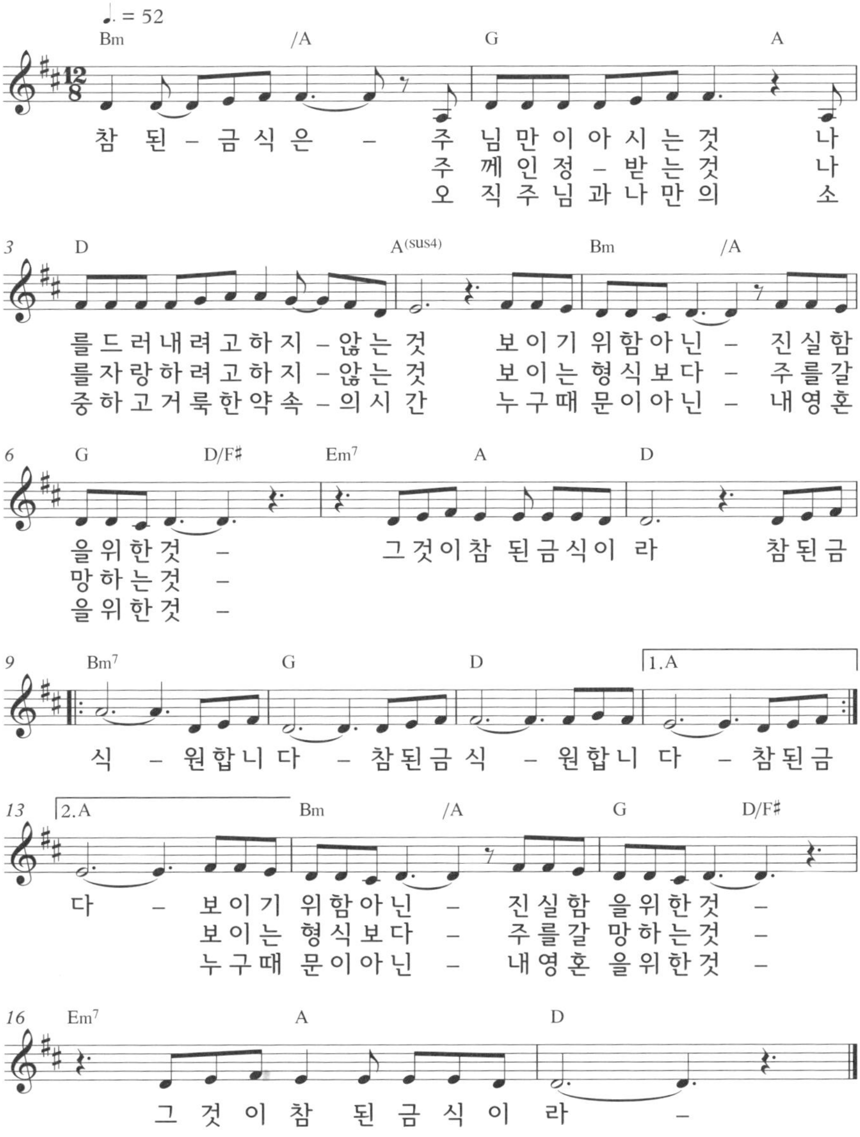

157

MUSIC

Contemplation Sharing

묵상 나눔 (마태복음 6:16)

어릴 적 교회에서 금식성회나 고난주간을 위한 집회에 참여해서 금식에 대한 말씀을 들은 적이 있습니다. 그때에는 금식에 대한 정확한 성경적 지식도 없었고, 단지 음식을 먹지 않고 물만 마실 수 있는 시간이라고 알며, 생각 없이 3일 동안 힘겹게 금식했던 적이 있었습니다. 지금 생각하면 금식이 아니라 단식 또는 없는 단어이지만 굶식을 했던 것은 아닌지 그 시간을 다시 돌아봅니다.

오늘의 말씀을 묵상하며 곡을 쓸 때, 참된 금식은 무엇일까? 고민해보았습니다. 결국 찬양을 통해 고백한 금식은 하나님과 거룩한 약속으로 내 영혼을 위해 진실하게 주를 갈망하는 것이었습니다. 하나님께 나의 진심을 보이는 것입니다. 사람 중 자신의 의견을 더 강하게 전달하기 위해 공개적으로 단식투쟁을 하는 사람을 보게 됩니다. 결국 지금 호소하고 있는 이 내용에 진심을 알아달라는 무언의 압력이라 볼 수 있습니다. 그렇지만 우리의 금식은 하나님께 자신의 소원을 들어달라는 고집과 억지가 돼서는 안 됩니다. 결국 하나님을 향한 진실한 마음을 보이는 것, 그것을 위한 의지적인 행동이 바로 금식이 되어야 한다는 것으로 생각합니다.

다른 사람을 위한 것일 수도 있겠지만, 결국 이 금식은 하나님께 더 가까이 나아가 나의 영혼이 살아가는 과정이라고 봅니다. 결국 다른 사람에게 보이기 위한 어떤 모습이나, 어떤 행위가 아니라 간절히 주님을 갈망하는 간절함이 자연스럽게 금식을 통해 나타난다는 것입니다.

저도 청년 시절, 기도원 집회 중 가까운 지인이 너무 힘겨워하여 좌절하는 상황을 보게 되었습니다. 그것을 지켜보는 제 마음 가운데 하나님은 중보기도를 하라는 마음을 주셨습니다. 저는 그때 오전 집회 후 오후 집회가 시작할 때까지 식사도 거른 채 기도에 전념했습니다. 그때는 밥을 먹어야 한다는 것도 잊은 채 그 지인의 상황이 해결되기를 위해 간절히 기도하며 하나님을 찾았던 것 같습니다. 참된 금식은 하나님을 더 간절히 원하고 바라는 사람에게 자연스럽게 나타나는 행동이라고 봅니다. 상황과 환경에 의해 떠밀려 하는 금식하는 것이 아니라, 진실하게 하나님만 바라보며, 하나님 없이는 아무것도 할 수 없다는 믿음의 고백으로 금식하는 자가 되길 바랍니다.

CONTEMPLATION WORSHIP SONG

My Contemplation
나의 묵상

WORD of GOD — 묵상을 통해 나에게 주신 **하나님의 말씀**

내게 주신 말씀을 **삶에 적용하기** — APPLY to LIFE

159

PRAY for DETERMINATION — 묵상을 통한 **결단의 기도**

SAINTMUSIC **P**UBLISHING

Contemplation Worship Song for 40 days

37

40일 묵상찬양 - 37일 (그리스도인의 삶 11)

CHRISTIAN'S LIFE 11

나에게 이르시기를 내 은혜가 네게 족하도다 이는 내 능력이 약한 데서 온전하여짐이라 하신지라 그러므로 도리어 크게 기뻐함으로 나의 여러 약한 것들에 대하여 자랑하리니 이는 그리스도의 능력이 내게 머물게 하려 함이라 그러므로 내가 그리스도를 위하여 약한 것들과 능욕과 궁핍과 박해와 곤고를 기뻐하노니 이는 내가 약한 그 때에 강함이라 (고린도후서 12:9-10)

But he said to me, "My grace is sufficient for you, for my power is made perfect in weakness." Therefore I will boast all the more gladly about my weaknesses, so that Christ's power may rest on me. That is why, for Christ's sake, I delight in weaknesses, in insults, in hardships, in persecutions, in difficulties. For when I am weak, then I am strong.

2 Corinthians 12:9-10

THROUGH WEAKNESS

약함을 통해
(Through weakness)

약함을 통해

Through Weakness

Words & Music by 김성현

나의약-함이- 내게족하-도다- 이것도내게-주신- 하나
님의은혜- 내가약-하여- 주만의지-하니- 주
의능력-임하소서 -   의능력-임하소서 - 내
약함을-통해-온전해지고 나의약-함을-기뻐하리 - - 라
약한그-때가- 가장강한때-임을- 주님께서-보여주시리
- 내모든약-함을- 자랑하리라 약
함을통-하여- 주함께하-시니 약한그-때가- 가장
강한때-임을- 나를통해- 보여주-시리-

Copyright © SaintMusic

묵상 나눔 (고린도후서 12:9~10)

성서학자들은 고린도후서를 사도 바울의 자서전적 서신이라고도 말합니다. 바울 개인의 경험과 견해가 많이 들어갔기 때문입니다. 문제가 많은 고린도 교회를 위해 고린도전서를 쓰고 보냈지만, 자신 사도의 권위와 여러 약점을 이야기하며 사도 바울의 말을 듣지 않는 고린도교회를 향하여 근심하고 애통해하는 마음으로 두 번째 서신을 보내는데 그것이 고린도후서라는 것입니다.

오늘 내용은 자신들을 높이는 거짓 선지자들과 비교당하는 상황에서, 사도 바울은 이들과 비교해도 어느 것 하나 뒤지지 않는 자격과 능력을 갖춘 사람이었음을 주장하는 내용입니다. 사도 바울은 오늘 읽은 내용과 같이 자신이 가진 자격과 능력을 자랑하지 않고 오히려 자신의 약함을 자랑하겠다고 말합니다. 자기 능력은 오히려 약한 데서 온전해지며, 그 약함으로 그리스도의 능력이 자신에게 머물게 됨을 고백합니다. 그리하여 그리스도로 인하여 당하는 모든 것을 기뻐하는 것은 약한 그때 예수님의 사랑과 자비가 나타나기 때문입니다. 사도 바울은 그것이 가장 강한 것임을 우리에게 전하고 있습니다.

그리스도인으로 살아가는 삶은 자신의 자격과 능력으로 살아가는 삶이 아닙니다. 만약 그것을 의지한다면, 하나님이 주시는 강함을 상실하게 될 것입니다. 예수님이 우리에게 보여주신 사랑과 자비와 은혜는 자신을 높이는 자의 삶에서 나타나기 참으로 어렵기 때문입니다. 약함을 인정한다는 것은 결국 주님이 주신 힘으로만 살아갈 수밖에 없다고 믿음으로 고백하는 것입니다. 사도 바울이 고백한 것처럼, 그리스도의 능력이 머물게 하도록 약함을 자랑하는 우리의 삶이 되길 바랍니다.

사실 누구도 연약함을 좋아하지는 않습니다. 나약하고 무력한 모습을 가지고 싶지는 않습니다. 대부분 약점을 감추고 싶고, 부족함을 드러내고 싶지 않습니다. 그것이 우리의 본성입니다. 그러나 그 약점과 부족함을 주님께 온전히 내보이고, 주님의 뜻을 행하는 믿음의 삶을 살아갈 때, 우리는 경험하게 될 것입니다. 주님이 우리 삶에 어떻게 역사하였었는지 말입니다. 반드시 주님은 우리를 통해 약한 그때가 가장 강한 때라는 것을 보여 주실 것입니다.

CONTEMPLATION WORSHIP SONG

My Contemplation

나의 묵상

WORD of GOD　　　　　묵상을 통해 나에게 주신 **하나님의 말씀**

내게 주신 말씀을 **삶에 적용하기**　　　　　APPLY to LIFE

PRAY for DETERMINATION　　　　　묵상을 통한 **결단의 기도**

SAINTMUSIC PUBLISHING

Contemplation Worship Song for 40 days

40일 묵상찬양 - 38일 (그리스도인의 삶 12)

38

CHRISTIAN'S LIFE 12

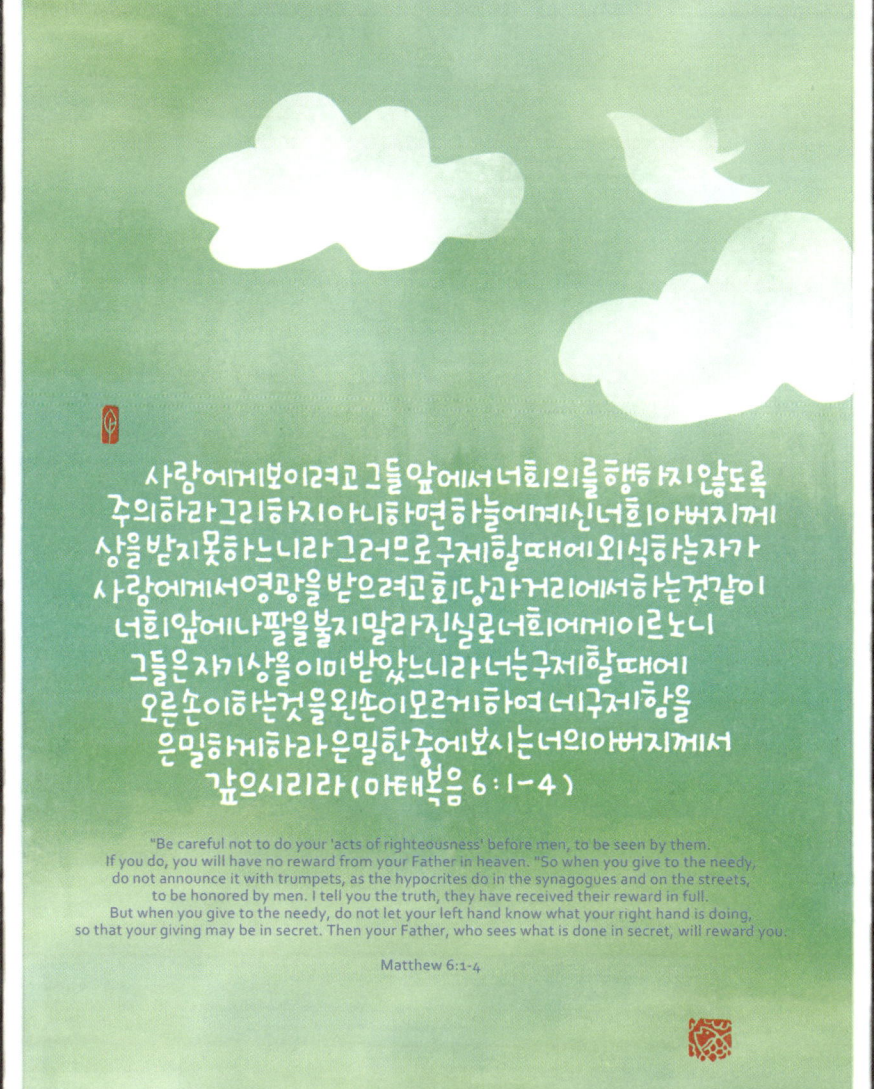

"Be careful not to do your 'acts of righteousness' before men, to be seen by them. If you do, you will have no reward from your Father in heaven. "So when you give to the needy, do not announce it with trumpets, as the hypocrites do in the synagogues and on the streets, to be honored by men. I tell you the truth, they have received their reward in full. But when you give to the needy, do not let your left hand know what your right hand is doing, so that your giving may be in secret. Then your Father, who sees what is done in secret, will reward you.

Matthew 6:1-4

SECRETLY

은밀하게
(Secretly)

Contemplation Sharing

묵상 나눔 (마태복음 6:1~4)

사람들은 자신의 업적, 실적, 좋은 점들을 다른 이들에게 알리는 것을 좋아합니다. 그래서 이력서 난에 경력 사항을 채워가면서 자신을 PR(Public Relations)합니다. 때론 그것이 자신의 앞길을 열어갈 수도 있고, 다른 사람들과 협업을 할 수 있고, 사람들에게 인정받을 수 있는 상황을 만들어갑니다. 나아가 요즘 사람들은 스트리밍 채널을 통하여 다양한 이야기를 공유하면서 사람들의 관심을 받기 위해 노력합니다. 그러한 인기가 또 다른 삶의 가치를 높일 수 있다고 믿기 때문입니다.

그런데 오늘 그리스도인들에게 예수님은 선을 베푼 일을, 하나님의 사랑을 보이는 일을 은밀하게 하라고 말씀하십니다. 아무도 모르게 그 일을 행하라고 하십니다. 오히려 남들에게 보이기 위해 행한 일에 대해 예수님은 하늘의 상급이 없다고 말씀하십니다. 왜 예수님은 하나님의 일을 은밀하게 하라고 말씀하시는 걸까요? 더 사람들에게 나타내면, 하나님을 믿는 자들이 더 많아질 수도 있는데 말입니다. 요즘 시대의 상식으로는 이해하기 참으로 어려운 말씀이 아닌가 생각됩니다.

그런데 하나님의 일은 사람을 위한 일이 아닙니다. 그 일을 통하여 사람이 나타나거나 드러나는 일이 아닙니다. 하나님의 일은 오직 하나님의 영광만이 나타나야 하는 일입니다. 그래서 우리는 은밀하게 하라는 말 자체에 집중하기보다는 목적에 집중해야 할 것입니다. 결국 이 행위를 통해 누가 나타나야 하는지를 잊지 말라는 예수님의 가르침이라고 생각합니다. 예수님은 그분의 모든 사역을 통해 자신이 드러나기보다는 아버지이신 하나님이 나타나기를 원하셨습니다. 자신의 행하는 구제와 치유, 사랑 모든 것이 하나님에게서 오는 것임을 사람들에게 늘 강조하셨습니다. 예수님의 모든 말씀 또한 세상을 향한 하나님의 사랑을 온전히 전하시기 위함이었습니다. 그래서 오늘 이 말씀의 요지를 찾아보면, 은밀하게 행한다는 것은 하나님 영광을 위해 행하는 것으로 바꾸어 말할 수 있습니다. 하나님의 영광을 위해 일하는데 어찌 사람들에게 상을 받을 수 있겠습니까. 결국 그 일을 행한 자는 후에 하나님의 상급을 받게 될 것입니다. 그것을 잊지 말라고 오늘 이 말씀을 우리에게 주시는 거로 생각합니다. 우리가 누구를 위하고, 누구를 향하고, 누구 때문에 하는 행동하는지를 잊지 말라는 말입니다. 그렇다면 아무도 알아주지 않아도 상관없습니다. 우리의 행함의 목적은 하나님께 영광 돌리고 하나님의 기쁨이 되는 삶을 살기 위한 것이기 때문입니다.

CONTEMPLATION WORSHIP SONG

My Contemplation
나의 묵상

WORD of GOD — 묵상을 통해 나에게 주신 **하나님의 말씀**

내게 주신 말씀을 삶에 적용하기 — **APPLY to LIFE**

PRAY for DETERMINATION — 묵상을 통한 **결단의 기도**

SAINTMUSIC **P**UBLISHING

40일 묵상찬양 - 39일 (그리스도인의 삶 13)

내가 그리스도와 그 부활의 권능과 그 고난에 참여함을 알고자 하여 그의 죽으심을 본받아 어떻게 해서든지 죽은 자 가운데서 부활에 이르려 하노니 (빌립보서 3:10-11)

I want to know Christ and the power of his resurrection and the fellowship of sharing in his sufferings, becoming like him in his death, and so, somehow, to attain to the resurrection from the dead.

Philippians 3:10-11

주님과 같이
(Just like the Lord)

주님과 같이
Just like the Lord
Words & Music by 김성현

Copyright © SaintMusic

Contemplation Sharing

묵상 나눔 (빌립보서 3:10~11)

그리스도인은 예수님의 발자취를 따라가는 사람입니다. 주님이 가신 길을 동일하게 걸어가는 사람입니다. 주님의 말투와 주님의 행동과 주님의 생각, 마음 등 모든 것을 닮아가는 사람입니다. 그것이 그리스도인입니다. 그 길 끝에는 부활의 첫 열매 되신 주님과 같이 우리도 부활의 옷 입고 주님의 나라에 살게 될 것입니다. 그것이 우리가 그리스도인으로 주님의 길을 가는 이유입니다.

그 길에는 많은 것들이 놓여 있습니다. 먼저 십자가입니다. 다시 말해, 고난과 역경이 놓여 있습니다. 우리는 자신의 십자가를 지고 따르라고 말씀하시는 주님의 음성에 순종하여 십자가를 지고 예수님을 따라가야 합니다. 십자가는 결국 주님께서 보여주신 끝없는 사랑을 말합니다. 우리도 십자가를 통해 예수님이 보여주신 그 사랑을 보여주어야 합니다. 죽음도 이기신 그 사랑을 말입니다.

또한 그 길에는 예수님의 순종이 있습니다. 겟세마네 동산에서 보여주셨던 그 기도와 같이 하나님을 향해 온전히 순종해야 합니다. 자기 뜻이 아닌 하나님의 뜻을 우선시하여 죽을 수밖에 없는 인간을 위해 겸손의 몸으로 참됨 섬김이 무엇인지 보여주신 그 예수님을 본받아야 합니다. 그 순종을 본받아 따라갈 때 우리도 예수님이 보이신 섬김을 이루며 살아갈 수 있습니다.

그 길에는 예수님의 여러 행하심 또한 나타나 있습니다. 수많은 사람을 위해 보이셨던 그 모습 하나하나 기억해야 합니다. 그들을 향한 주님의 그 마음을 본받아 우리도 예수님이 필요한 모든 자들을 예수님의 마음으로 사랑해야 합니다. 위로해야 합니다. 구제해야 합니다. 기도해야 합니다. 섬겨야 합니다. 베풀어야 합니다. 나누어주어야 합니다. 희생해야 합니다.

그 모든 길 끝에 우리는 주님이 다시 이 세상에 오실 것을 보게 될 것입니다. 그리고 우리도 부활의 몸을 입고 주님과 함께 주님의 나라에서 영원한 생명을 누리며 살게 될 것입니다. 이게 그리스도인의 삶입니다. 예수님을 따라가는 삶, 예수님을 닮아가는 삶, 예수님이 행하신 그것을 세상에 이루며 살아가는 삶, 예수님의 꿈을 함께 꾸며 실현해가는 삶, 이것이 그리스도인의 삶임을 잊지 맙시다.

CONTEMPLATION WORSHIP SONG

My Contemplation
나의 묵상

WORD of GOD | 묵상을 통해 나에게 주신 **하나님의 말씀**

내게 주신 말씀을 **삶에 적용하기** | APPLY to LIFE

PRAY for DETERMINATION | 묵상을 통한 **결단의 기도**

SAINTMUSIC **P**UBLISHING

40

40일 묵상찬양 - 40일 (그리스도인의 삶 14)

그가 경건하여 온 집안과 더불어 하나님을 경외하며
백성을 많이 구제하고 하나님께 항상
기도하더니
(사도행전 10:2)

He and all his family were devout and God-fearing;
he gave generously to those in need and prayed to God regularly.

Acts 10:2

경건한 자
(Godly Person)

경건한 자

Godly Person

Words & Music by 김성현

Contemplation Sharing

묵상 나눔 (사도행전 10:2)

경건은 사전적 의미는 공경하는 자세로 삼가고 조심하는 행동을 말합니다. 성경에서 말하는 경건은 하나님께 예배하는 것처럼 살아가는 믿음의 자세를 뜻한다고 합니다. 이 말에는 '하나님을 두려워한다', '하나님을 경배(예배)한다'의 뜻이 담겨 있다고 합니다. 결국, 경건은 하나님께 나아가기 위해, 교제하기 위해, 동행하기 위해서 하나님의 뜻대로 살아가기 위한 자세라는 것을 알 수 있습니다.

사도행전은 고넬료라는 한 인물에 대한 평을 오늘 우리에게 말합니다. 그는 경건하여 온 집안사람들과 함께 하나님을 경외했다고 합니다. 그리고 이웃을 구제하는 일에 힘을 쓰고 하나님께 항상 기도한다고 성경은 기록하고 있습니다. 그는 로마사람으로 군대 백부장이었습니다. 로마가 이스라엘을 지배할 당시 그는 하나님에 대해 알게 되었고, 이스라엘 백성과 같이 늘 하나님께 기도하는 자였습니다. 그리고 나아가 온 집안이 다 하나님을 믿고 있었습니다. 가부장적인 시대 속에서 고넬료는 분명 온 집안사람들이 하나님을 경외하는 데 큰 역할을 했을 것입니다. 그리고 그는 식민지의 땅에서 사람들을 구제하는 데 힘쓴 사람이었습니다. 신명기 10장 12~19절까지 내용을 보면 예수님이 말씀하신 하나님 사랑과 이웃 사랑의 정신이 나타납니다. 고넬료는 분명 예수님에 관한 이야기는 듣지 못했지만, 율법에 기록된 내용대로 하나님을 사랑하는 자였고 이웃들에게 사랑을 베푸는 자였습니다.

하나님은 이런 경건한 자를 위해 베드로에게 3번의 환상을 보게 하시고, 정결치 못한 동물을 잡아먹으라는 주의 음성을 듣는 베드로는 성령에 이끌리어 경건한 자인 고넬료를 만나게 됩니다. 그리고 베드로가 복음을 전할 때 성령이 임하시고 이를 본 베드로는 모두에게 침례(세례)를 주어 그리스도인이 되게 합니다.

경건은 자연스럽게 하나님을 향하는 모습입니다. 억지가 아닌, 진실한 마음으로 하나님을 찾는 자의 모습입니다. 결국 경건은 하나님을 높이는 예배의 자세이며, 하나님의 뜻을 행하는 순종의 자세이자, 하나님의 사랑을 전하는 자비의 자세입니다. 이 모습이 바로 그리스도인의 삶에 없어서는 안 될 모습일 것입니다. 경건을 사모하여 늘 주님을 예배하고, 주의 뜻에 순종하고, 주의 사랑을 베푸는 자가 우리기를 원하고 바라고 기도합니다.

CONTEMPLATION WORSHIP SONG

My Contemplation
나의 묵상

WORD of GOD — 묵상을 통해 나에게 주신 **하나님의 말씀**

내게 주신 말씀을 삶에 적용하기 — APPLY to LIFE

PRAY for DETERMINATION — 묵상을 통한 **결단의 기도**

SAINTMUSIC PUBLISHING

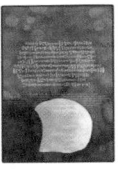

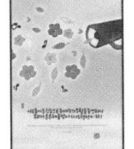

40일 묵상찬양

40일 묵상찬양
Contemplation Worship Song for 40 Days

출판발행	2023년 2월 13일
발행처	세인트뮤직 퍼블리싱
지은이	김성현
작사 및 작곡	김성현
캘리그라피 및 삽화	하늘물고기(박선하, 박정민, 정정임)
디자인	세인트뮤직 프로덕션
문의전화	010 9464 7268
YouTube 채널	SAINTMUSIC TV
등록번호	979-11-965365-3-4 (03230)